# Courage et discipline au travail

**Couverture**

- Maquette et illustration:
  GAÉTAN FORCILLO

**Maquette intérieure**

- Conception graphique:
  JEAN-GUY FOURNIER

DISTRIBUTEURS EXCLUSIFS:

- Pour le Canada:
  AGENCE DE DISTRIBUTION POPULAIRE INC.*
  955, rue Amherst, Montréal H2L 3K4 (tél.: 514-523-1182)
  *Filiale de Sogides Ltée

- Pour la France et l'Afrique:
  INTER-FORUM
  13, rue de la Glacière, 75013 Paris (tél.: 570-1180)

- Pour la Belgique, la Suisse, le Portugal, les pays de l'Est:
  S.A. VANDER
  Avenue des Volontaires 321, 1150 Bruxelles (tél.: 02-762-0662)

**Eugène Houde**

# Courage et discipline au travail

FORMATION 2000 Inc.
7495 MARISA
BROSSARD, QUÉ., J4Y 1J7

**Les Éditions de l'Homme***

CANADA: 955, rue Amherst, Montréal H2L 3K4

*Division de Sogides Ltée

Déjà parus chez le même éditeur:
*Aider mon patron à m'aider*
*Le bonheur au travail*
*Émotivité et efficacité au travail*



*Bibliothèque nationale du Québec*
*Dépôt légal — 4e trimestre 1983*

ISBN 2-7619-0297-1

*À ma fille Renée,*
*À toi qui apprends*
*avec bonheur*
*la bonne administration*
*de ta vie.*

# Introduction

En écrivant *Courage et discipline au travail*, j'ai délaissé la formule de roman à thèse que j'avais adoptée pour mes trois premiers livres: *Émotivité et efficacité au travail, Aider mon patron à m'aider*, et *Le bonheur au travail.*

Je me suis plutôt tourné vers les leçons que l'on peut tirer de la vie de personnages illustres. C'est pourquoi j'ai utilisé des éléments biographiques de la vie d'individus aussi différents que John F. Kennedy, Jean Paul Getty, Mère Teresa, Martin Luther King, James de Rothschild, Helen Keller, Norman Bethune, Ben Weider, Hans Selye, Claude Brunet, Jacques Grand'Maison, Golda Meir et Alain Stanké. J'ai voulu démontrer que, en fin de compte, la discipline n'est pas autre chose que la bonne administration de notre vie et que nous avons grand intérêt à nous discipliner pour un mieux-être général.

Quelles sont donc les composantes essentielles de la discipline et que vient faire le courage dans une vie de travail? Telles sont les questions auxquelles ce court volume tente de répondre, de la façon la plus simple et la plus claire possible.

## Chapitre I

# Courage et discipline, une démarche vers un but

Le milliardaire Jean Paul Getty, considéré de son vivant, en 1975, comme l'homme le plus riche du monde, rapporte dans son autobiographie: "Au cours de ma longue carrière, j'ai fait des affaires avec un grand nombre de chefs d'entreprises à travers le monde et je me suis fait beaucoup d'amis dans ces milieux. Il s'agissait toujours d'hommes qui se consacraient corps et âme à diriger leurs sociétés, cherchant à leur donner de l'extension, à produire davantage pour un marché de plus en plus vaste" (*À quoi sert un milliardaire*?, page 153).

En effet, les chefs d'entreprises qui réussissent se fixent un but qu'ils poursuivent sans relâche, à travers les difficultés et les obstacles, ce qui exige souvent du courage et toujours beaucoup de discipline personnelle.

Getty lui-même avait appris l'importance de la discipline et de l'éthique du travail de ses parents qui, quoique riches eux-mêmes, avaient entraîné leur fils à travailler et à fournir des efforts pour atteindre leurs objectifs. Ainsi, considéré comme indiscipliné par ses parents, il fut envoyé dans une école militaire américaine à l'adolescence. Quand, à seize ans, il demanda à son père de l'embaucher pour ses vacances d'été dans son entreprise pétrolière, ce dernier y consentit à la condition qu'il commencerait à l'échelon le plus bas, et par le travail le plus ingrat. Jean Paul Getty accepta, et c'est là qu'il acquit les connaissances nécessaires pour se lancer à son propre compte, quelques années plus tard, dans l'exploration pétrolière et amasser ainsi son premier million de dollars à l'âge de vingt-quatre ans.

Pour Getty, la discipline est essentielle au succès. Il écrit à propos de son séjour de deux ans à Oxford, en Angleterre, comme étudiant: "On se sentait entièrement responsable de ses succès et de ses échecs, et c'était là un sentiment à fort pouvoir de stimulation. Tout étudiant un tant soit peu sérieux mettait au point sa discipline personnelle et ce genre d'exercice me fut, depuis, d'un précieux secours en plus d'une occasion" (*ibidem*, page 37).

Mais qu'est-ce que le succès sinon essentiellement l'atteinte d'un objectif? Or, l'objectif lui-même n'est, à l'origine, qu'une idée, idée en laquelle un esprit humain a foi, idée qui se précise et est façonnée par les émotions, puis qui devient intérêt et s'incarne finalement dans un but, un objectif poursuivi sans relâche. Ainsi, si tant d'humains reconnaissent que la vie de Getty fut un succès, c'est que la grande majorité d'entre nous considérons l'accumulation de richesses et la direction d'un empire industriel comme éminemment souhaitables et comme ayant une grande valeur. Nous faisons ainsi de la réussite matérielle une norme générale, un critère à partir duquel nous jugeons les résultats obtenus.

Et pourtant, ni le succès ni l'échec n'existent dans la réalité, car la réalité ne comporte aucune norme ou critère d'évaluation: tout ce qui existe dans la réalité, c'est l'accumulation ou la perte de biens, sans que cela soit bon ou mauvais. Une intervention de l'esprit est requise pour dire qu'il s'agit d'un échec ou d'un succès, puisqu'il y a jugement. Pour un individu autonome, le seul critère de succès ou d'échec dans sa vie réside dans les objectifs qu'il s'est fixés et qu'il a révisés au besoin, et jamais dans le jugement des autres. Toute comparaison devient alors inutile et chacun est seul à savoir s'il réussit vraiment sa vie puisque, à la limite, il est vraiment seul à savoir quels objectifs précis lui sont les plus souhaitables à atteindre.

Ainsi, un échec momentané par rapport à un objectif choisi peut être vu comme une étape dans notre démarche vers l'objectif plutôt que comme un échec. Nous pouvons tirer des leçons de nos erreurs et continuer à poursuivre notre objectif. On peut appeler courage ce refus de l'échec, car le refus de l'échec implique un "coup de coeur", et le mot courage prend son origine dans le mot coeur. Avoir du courage signifie poursuivre l'objectif choisi, peut-être de façon différente, mais sans nous laisser arrêter par les difficultés, par nos peurs et nos erreurs.

Cependant, le courage à lui seul ne suffit pas. Nous pouvons donner un coup de coeur devant des difficultés, des erreurs et des échecs sans pour autant le faire avec l'ordre, la régularité et la ténacité qui nous mèneraient à la réalisation de nos objectifs. C'est pourquoi la discipline est requise, car c'est précisément la définition de la discipline. Le mot "discipline" vient en effet du latin *disciplina* qui signifie d'abord formation. Or, la formation du caractère ne se fait jamais dans le laisser-aller, et l'atteinte de buts précis présuppose de l'ordre, de la régularité et de la ténacité. En fait, la discipline personnelle n'est pas autre chose que la bonne administration de notre vie, que ce soit au travail ou ailleurs.

Getty rapporte ainsi les paroles de Jack Forrester, né dans une classe déshéritée puis devenu président de la World Commerce Corporation en France: "Georges Carpentier assurait que cela lui était bien égal de recevoir un coup qui le jetait à terre car il savait que, tôt ou tard, il se relèverait, me dit un jour Jack. C'est également ce que je me suis toujours dit". On le voit, Jack Forrester et sa mère s'étaient fort bien débrouillés sans avoir besoin de recourir aux assistantes sociales ou aux allocations de chômage. Jack lui-même n'avait jamais considéré qu'il fût humiliant ou dégradant de faire un métier humble quand rien d'autre ne se présentait. Mais je crains fort que cette race de gens dynamiques et prêts à tout pour réussir ne soit en voie de disparition, et cela par la faute de notre politique sociale actuelle." (*ibidem*, page 149).

La discipline personnelle n'étant rien d'autre que la bonne administration de notre propre vie, il suffit de retenir les meilleurs principes enseignés en administration et en psychologie et de les appliquer dans notre vie pour découvrir les secrets d'une discipline utile et efficace. C'est alors que commence le plus difficile et que le courage est requis: il nous faut passer à l'action.

Comment donc procèdent les entreprises bien administrées? Elles sont toutes basées sur une idée, un objectif, car aucune entreprise humaine ne peut exister sans avoir d'abord pris naissance dans l'esprit d'un ou plusieurs individus. Cet *objectif général*, idée même sur laquelle est fondée l'entreprise, est poursuivi de façon structurée grâce à un *plan*, lequel se subdivise en plans à long terme et à court terme. Pour réaliser ce plan, il faut *organiser* les ressources de l'entreprise, que ce soit des ressources humaines, financières ou physiques. Pour s'assurer que le cap est maintenu sur l'objectif, les entreprises instaurent certains *contrôles* et vérifications et se réorientent au besoin en faisant les corrections requises dans tout le processus, lequel est en perpétuel mouvement et réajustement. Lorsque les entreprises bien administrées veulent maintenir le cap sur leur objectif général, elles cherchent à créer de bonnes habitudes chez tous leurs employés, des *pratiques*, pour que chacun se sente profondément engagé face aux objectifs de son entreprise. Cela se réalise souvent dans le cadre de la gestion par objectifs telle qu'introduite dans l'administration et la littérature administrative par Peter Drucker.

Nous parlerons de discipline et de courage tout au long de ce livre. Le courage réside dans le maintien de nos objectifs malgré les difficultés alors que la discipline n'est finalement que la bonne administration de notre vie pour atteindre ces objectifs. Considérons donc les grands principes de l'administration en essayant de voir comment nous pouvons les appliquer à notre propre vie, au travail et même hors du travail, pour mieux réussir dans notre vie au travail. Nous verrons combien une discipline efficace implique un objectif, car il ne peut y avoir de discipline s'il n'y a pas de but à atteindre. Nous verrons aussi combien il est important de se connaître soi-même pour faire un bon inventaire de ses ressources personnelles et essayer de mettre en valeur ses forces tout en atténuant ses faiblesses. Nous verrons enfin combien il peut être utile de se fixer un plan, d'organiser ses capacités personnelles dans le sens de l'efficacité et de s'auto-contrôler pour progresser dans la réalisation de ses objectifs. Et réaliser nos objectifs nous apporte du bonheur puisque nous réalisons ainsi certains de nos désirs. (J'ai abordé cette question dans mon livre: *Le bonheur au travail.*)

En fait, discipline personnelle et courage ne signifient rien d'autre que la prise en charge de ma vie. Si je veux réaliser certains objectifs dans mon travail, je dois me décider à prendre ma vie en mains et admettre le fait que j'en suis le seul responsable et que personne ne peut la réussir aussi bien que moi. C'est exactement ce que Getty dit dans son autobiographie: "Quand l'homme qui est en charge d'une usine de bonbons, d'une opération de forage ou de la destinée d'un pays sait qu'il a l'entière responsabilité de l'entreprise qu'il dirige, il cherche à se montrer digne des prérogatives et des privilèges qu'on lui a conférés. Et, surtout, il s'éprouve comme un homme libre parce qu'il n'est l'obligé de personne" (*ibidem*, page 63).

Or, c'est précisément le but que visait Peter Drucker en instaurant la gestion par objectifs dans les entreprises. Il voulait donner à chacun assez de liberté d'action grâce à une responsabilité claire et nette qu'on lui attribuerait entièrement et qui ferait partie de l'objectif d'ensemble. Cela permettait à chacun de toujours s'orienter vers l'objectif général tout en choisissant lui-même les meilleurs moyens d'y parvenir.

Peter Drucker n'a pas inventé la gestion par objectifs, mais il a formulé un concept appliqué depuis longtemps par des chefs d'armées, de pays, d'organisations et d'entreprises. Tous ces chefs, comme tous les individus qui réussissent certaines oeuvres aussi humbles soient-elles, poursuivaient en fait un but, un objectif. Quel chef militaire ne veut pas gagner la guerre? Quel chef d'entreprise ne veut pas que son entreprise prospère? Quel artisan ne veut pas que son oeuvre incarne bien son idée? Mais il ne suffit pas de vouloir atteindre son objectif, il faut aussi que chacun se discipline pour l'atteindre. Si l'on veut vraiment gagner quelque chose, on accepte par le fait même de se préparer, de se pratiquer et de faire les efforts requis pour gagner. C'est le prix à payer pour gagner: il y a en effet un prix à payer pour presque tout dans la vie.

Après avoir eu une mauvaise expérience avec un entrepreneur auquel il avait confié des opérations de forage, Getty s'est fixé l'objectif de mieux surveiller cette importante opération, quitte à en payer le prix par une augmentation considérable de son travail personnel: "À partir de là, que ce fût dans les affaires que je menais avec mon père ou dans celles où je travaillais comme indépendant, je restai toujours mon propre seigneur et maître dans les opérations de forage. Je passais le plus clair de mon temps sur le champ de pétrole, travaillant aux côtés de mes équipes d'ouvriers. Je me dépensais sans compter, faisant souvent des journées de vingt-quatre heures et il a même pu m'arriver, à un moment clé du forage, de rester sur place soixante-douze heures d'affilée" (*ibidem*, page 62).

Naturellement, il importe d'équilibrer nos objectifs personnels si nous nous en fixons plusieurs, car le simple réalisme nous amène à constater que, chaque fois qu'un individu consacre du temps à un objectif, ce même temps n'est plus disponible pour la réalisation d'autres objectifs. C'est peut-être ce qui explique que les cinq mariages de Jean Paul Getty se soient tous soldés par un divorce. Voici d'ailleurs ce que lui-même exprime à ce sujet: "Les contraintes quotidiennes du travail empiètent inévitablement sur la vie privée d'un homme d'affaires et peuvent même, à certains moments, prendre le pas sur elle. Or les femmes, et plus spécialement les femmes mariées, entendent garder la priorité et supportent toujours mal d'être reléguées au second plan par qui que ce soit ou quoi que ce soit. Et il va presque sans dire que les épouses d'hommes d'affaires dont la vie professionnelle est heureuse et bien remplie trouvent quelque difficulté à se sentir aussi indispensables qu'elles le voudraient. Leurs maris paraissent se suffire à eux-mêmes, ils affichent un peu trop d'indépendance et donnent souvent l'impression de vivre dans un monde à part. Le terrain devient alors particulièrement favorable à l'apparition de problèmes conjugaux" (*ibidem*, page 97).

Les objectifs sont donc à la base même de la discipline personnelle. En fait, une discipline qui serait une fin en elle-même n'aurait aucun sens. C'est pourquoi la question la plus importante pour notre carrière et pour la réussite de notre vie au travail, comme d'ailleurs de notre vie tout court, est celle-ci: "Qu'est-ce que je veux faire de ma vie? Où est-ce que je veux aller?" Une réponse réaliste à cette question m'indiquera les efforts impliqués par ma décision, puisque la discipline est la tension constante vers un objectif. Elle nous indique le prix à payer pour atteindre notre objectif.

Plusieurs regardent avec envie ceux qui réussissent et se morfondent en plaintes et en jérémiades de toutes sortes parce qu'ils ne sont pas parmi les chanceux que la vie gâte. Mais il n'est pas besoin d'observer bien longtemps ceux qui réussissent différents projets ou entreprises pour constater que, à l'origine de tout succès, se trouvent les principes déjà énumérés de la bonne administration: une idée ou un objectif, un plan, de l'organisation, du contrôle, des pratiques ou habitudes, donc beaucoup de travail. Comme la discipline est en fait une bonne administration de notre vie et une marche incessante vers la réalisation d'un objectif, cela suppose donc beaucoup de discipline.

Il peut arriver qu'un individu profite d'un grand succès sans avoir adopté une bonne discipline personnelle, c'est-à-dire qu'il le doive à quelqu'un d'autre. Cela ne fait que confirmer notre opinion selon laquelle le succès requiert habituellement des efforts, que ces efforts aient été faits par la génération qui nous a précédés ou par des personnes qui se plaisent à faire des cadeaux aux autres. Mais là encore, la personne ayant obtenu gratuitement de tels privilèges ou cadeaux doit fournir certains efforts et s'astreindre à une certaine discipline, c'est-à-dire à tout le moins administrer son avoir avec un minimum de bon sens, si elle veut conserver ces privilèges.

Il y a bien sûr une part de hasard dans certaines réussites, puisqu'il faut être au bon endroit au bon moment pour obtenir certains gains ou bénéfices, et on n'est jamais sûr de l'avenir à cent pour cent, mais nous avons peu de chances que l'avenir nous soit favorable si nous ne cherchons pas à le bâtir pour qu'il le soit. Même si nous n'avons jamais la certitude absolue de réussir, nous mettons sûrement les probabilités de notre côté en suivant une méthode qui fait le succès des entreprises et des individus qui l'ont appliquée et l'appliquent systématiquement. Le bonheur ne se trouve pas dans la passivité, mais plutôt dans une responsabilité assumée, et c'est justement à une action responsable que nous convie la gestion par objectifs.

Ainsi, Getty raconte qu'il a pris une retraite de plus de deux ans après avoir gagné son premier million de dollars à l'âge de vingt-quatre ans, et qu'il a décidé ensuite de reprendre le travail: "La vérité, c'est que j'en avais assez de passer mon temps à avoir du bon temps. Mais il y avait aussi — et cette deuxième raison n'est pas moins importante — cette passionnante aventure qu'est la recherche pétrolière et qui reste toujours une très forte tentation quand on s'y est déjà laissé prendre une fois. Enfin — et plus j'y réfléchis, plus je me dis que c'est la raison déterminante qui m'avait fait renoncer à la mollesse de ma retraite dorée — il y avait ce sens de la responsabilité que j'éprouvais à l'égard de mon père et de l'entreprise qu'il avait fondée" (*ibidem*, page 324).

Que font donc les entreprises où s'exerce la gestion par objectifs? Elles se donnent officiellement un élément central de coordination de toutes leurs activités, élément qui réside dans l'objectif général qu'elles poursuivent. Cet élément central devient la préoccupation majeure de tout le personnel de direction, lequel devient essentiellement responsable de résultats plutôt que d'activités. Cette approche vise à mettre l'accent sur les résultats désirés en laissant le plus possible de marge de manoeuvre à chacun quant aux méthodes. On reconnaît que plusieurs méthodes différentes peuvent aboutir au même résultat et que les employés qui exécutent un mandat sont les mieux placés pour choisir les modalités d'exécution.

On détermine donc l'objectif général de l'entreprise en se posant la question suivante: "Où voulons-nous aller?" Quel but précis et mesurable, qui soit dans la ligne de notre mission, de notre vocation, pouvons-nous nous fixer? Comme il s'agit d'harmoniser au maximum les objectifs de l'entreprise et les efforts humains, on essaie de tenir compte à la fois des besoins de l'entreprise et des besoins humains. On insiste alors, auprès des employés à tous les niveaux, sur le besoin de réalisation de soi, en essayant de faire en sorte que chacun se réalise lui-même en réalisant les objectifs de l'entreprise. On favorise ainsi une plus grande participation dans l'élaboration et la détermination d'un objectif général annuel, la direction supérieure demandant à tous les autres niveaux de direction: que nous suggérez-vous comme objectif général pour l'année qui vient?

Supposons que la direction supérieure retienne comme objectif général une diminution des dépenses de l'ordre de 5 % tout en maintenant les opérations à leur niveau actuel. Tous les niveaux de direction seront à nouveau appelés à participer au processus d'ensemble en suggérant des objectifs spécifiques, objectifs qui mettent précisément en oeuvre, à chaque niveau, la réalisation de l'objectif général retenu. Ainsi, certains services pourront changer les procédures de contrôle de qualité, d'autres éliminer des postes ou établir un meilleur système d'entretien de la machinerie, etc., chacun se préoccupant toujours de diminuer les dépenses. Quand les objectifs spécifiques ont été acceptés par la direction supérieure, ils constituent alors des contrats selon lesquels chaque niveau de direction s'engage de façon responsable à obtenir les résultats escomptés. Et chaque niveau de direction recevra par la suite le crédit du résultat obtenu, au moment de l'évaluation du rendement, en assumant d'autre part les conséquences des objectifs non rencontrés.

Si, comme individu, je veux faire un succès de ma vie au travail, j'ai avantage à la gérer par objectifs. N'avez-vous pas constaté combien nombreux sont ceux qui se laissent imposer des objectifs par les autres, aussi bien dans leur vie au travail que dans leur vie personnelle? On dirait qu'ils croient trouver le bonheur dans la passivité. Ils attendent tout des autres et de la vie comme si tout leur était dû et qu'ils ne devaient fournir aucun travail ni adopter aucune discipline personnelle pour être heureux. Car finalement, c'est le bonheur que nous poursuivons toujours, au moins de façon implicite, au travail comme ailleurs. Il est paradoxal de constater que ceux qui se plaignent le plus de ne pas être heureux à leur travail ne trouvent pas le bonheur pour la bonne raison qu'ils l'attendent plutôt que d'aller le chercher. Ils n'ont pas compris qu'on ne peut tirer profit de son travail qu'en autant qu'on investit et qu'on s'implique.

J'ai donc avantage à imiter les entreprises bien administrées et à me poser la question: "Où donc est-ce que je veux aller? Qu'est-ce que je veux vraiment faire de ma vie? À quoi puis-je être le plus utile? Quelle clientèle dois-je donc rechercher pour mettre en valeur et bien exploiter mes capacités?" Car il existe des clientèles et des marchés pour nos capacités, nos connaissances et nos aptitudes individuelles, comme il existe des clientèles et des marchés pour les produits des entreprises. Une entreprise bien administrée sait que la productivité et le profit résident à l'extérieur de l'entreprise et non à l'intérieur. C'est le client qui achète le produit qui le transforme en profits. Dans une entreprise bien administrée, le client est roi, et c'est à lui que l'on prête le plus attention. Il importe de combler ses besoins et de répondre à ses désirs car, le jour où l'on cessera de le faire, le client laissera tout simplement tomber le produit et le remplacera par un autre répondant mieux à ses besoins. Un marché n'a pas de coeur: il ne fait que répondre à ses intérêts, et c'est bien ainsi puisque c'est la réalité. Il revient à l'entreprise à découvrir les intérêts du marché et d'essayer d'y répondre. Si elle n'y réussit pas, son existence est en jeu!

Or si je veux réussir ma vie en tant qu'individu, et la réussite de ma vie suppose toujours une vie de travail, que ce soit dans les affaires, la recherche, la politique, la religion, les arts, l'enseignement ou dans n'importe quel autre domaine, je dois nécessairement, tout comme les entreprises, découvrir s'il existe une clientèle pour mes services. J'essaierai de découvrir un besoin chez les autres, car c'est ainsi que je fais ma chance. En effet, la chance chez les humains se fabrique en se faisant connaître et en établissant de bonnes relations avec son entourage. C'est un processus d'échange de services, comme dans le cas du marché d'une entreprise. Une entreprise vend un produit. Elle rend alors un service à celui qui l'achète puisqu'elle répond à un de ses désirs qu'on appelle "besoins". Un individu rend service à quelqu'un, et ce quelqu'un devient désireux de lui rendre service en retour. C'est essentiellement un processus d'échange. C'est pourquoi j'ai avantage à être connu, à me faire apprécier pour mon honnêteté et ma serviabilité et à chercher la meilleure façon d'aider les autres, car ainsi ils voudront m'aider en retour. Cessez donc de vous cantonner dans la passivité et cherchez autour de vous le besoin auquel vous pourriez le mieux répondre. Comme vous devez tenir compte de vos capacités, il pourra s'agir tout simplement de vous impliquer à fond dans votre carrière, d'y travailler de façon décidée et résolue ou d'y opérer un ajustement mineur. Mais il peut arriver que cela implique un changement important dans votre carrière et que vous ayez alors à payer un prix assez élevé pour vous réorienter vers la clientèle la mieux assortie à vos services. Il faut alors prendre des risques, comme les entreprises le font. C'est le prix à payer pour la réussite.

Cessez donc de croire que des gens sont chanceux et d'autres malchanceux. Faites votre chance vous-même: vous aurez peut-être un jour l'impression que cela devient extrêmement facile quand vous aurez bien établi votre marketing. Eh oui! Car il faut bien vous rendre à l'évidence que vous devez vendre vous-même vos services, peu à peu, progressivement, en vous faisant connaître et en travaillant inlassablement à rendre service aux autres. Comme le succès entraîne le succès, un service rendu à une personne ou à une entreprise fera connaître votre existence à d'autres personnes et à d'autres entreprises et vous bâtirez ainsi votre chance et votre avenir.

Comme vous pouvez le constater, il y a toujours une idée à la base d'une réussite. Cette idée doit devenir un objectif pour être transformée en réussite. J'appelle discipline le processus qui transforme l'objectif en réalisation et en succès. S'il n'y a pas d'objectif, il n'y a pas de véritable discipline. La discipline devient alors une fin en soi, ce qui est absurde à moins que quelqu'un fasse précisément l'enseignement de la discipline, auquel cas il dessert à son tour une clientèle et répond à un besoin extérieur à lui-même, ce qui justifie la place qu'il occupe dans la société. Comme on le voit, toute carrière et toute chance se construisent en rapport avec d'autres individus dans une société. Le concept de l'échange constitue le centre de la presque totalité des activités humaines, hormis pour quelques ascètes et ermites.

Vous me direz peut-être que plusieurs entreprises fortement structurées vivent de façon quasiment fermée, en maintenant toutes leurs communications à l'intérieur. Elles semblent exclusivement tournées vers le bien-être de leurs membres et de leurs employés. Si c'est le cas, regardez le marché réagir et la demande pour leur produit tomber à plus ou moins brève échéance. Une entreprise ne répondant plus aux besoins de sa clientèle parce qu'elle a perdu le contact périclite un jour ou l'autre, à moins qu'elle ne procède aux ajustements requis. On voit même les gouvernements tomber pour la même raison. Il en va de même pour nous, individus, lorsque nous voulons être appréciés pour nous-mêmes comme si les autres nous le devaient. Mieux vaut nous rendre compte le plus tôt possible que les autres ne nous doivent rien. Nous devons plutôt trouver un produit, destiné à une clientèle, qui fasse appel à ce que nous pouvons faire de mieux pour être utiles aux autres. Autrement, nous nous orientons vers la dépression, car la dépression est justement liée à ce jugement que nous portons sur nous-mêmes en nous disant que notre valeur est nulle ou presque. De la dépression à la démission devant la vie il n'y a qu'un pas, et ce pas est vite franchi. S'ensuivent l'abandon de la lutte au travail, l'absorption de médicaments ou d'alcool et l'exigence intérieure voulant que les autres soient à notre service et nous apportent le bonheur sur un plateau d'argent. Vous voulez être heureux? Trouvez donc une clientèle pour votre travail, cherchez tant que vous n'aurez pas trouvé cette clientèle qui voudra de ce que vous aimez le plus et de ce pour quoi vous démontrez le plus d'aptitudes. Sachez aussi que vous devrez toujours travailler, car il faut bien occuper votre temps à quelque chose de la naissance à la mort.

Je disais tantôt que, dans les entreprises, la gestion par objectifs consiste dans la meilleure conjonction possible des objectifs de l'entreprise et des efforts humains. Or, votre entreprise, c'est votre travail. Quant à la meilleure conjonction possible de vos objectifs et de vos efforts personnels, elle réside dans ce qui peut le mieux répondre aux besoins des autres parmi les choses que vous aimez. On a toutefois l'impression de ne rien aimer à certains moments. En y regardant de près, c'est que vous ne vous êtes donné à rien véritablement et que, en conséquence, il n'y a pas de réponse de la part de votre entourage. Pas de stimulus, pas de réponse.

N'attendez donc rien de la vie, et tout ce que vous en obtiendrez sera du profit net. Envisagez ce que vous donnez aux autres comme un investissement, utilisez votre compétence et vos connaissances en vous acquittant consciencieusement de votre travail actuel et vous serez déjà un peu plus heureux. Cela ne vous empêche pas de tenter d'améliorer votre sort en faisant l'inventaire de vos capacités et en cherchant une clientèle pour ce que vous préférez. L'important est de savoir et d'accepter que vous ne retirerez du bonheur de votre travail que dans la mesure où vous y investirez beaucoup de vous-même, malgré vos peurs et malgré les difficultés.

Remarquez combien les exigences et les revendications de certains syndicats sont devenues irréalistes de nos jours. Ces syndicats revendiquent des conditions de travail et des salaires de plus en plus élevés, en refusant par ailleurs d'améliorer leur productivité et de payer par une efficacité accrue l'augmentation de leurs salaires et de leurs conditions de travail. Ils oublient que leurs conditions de travail leur sont attribuées dans le cadre d'un système d'échange et qu'un salaire doit avoir sa contrepartie de travail. Toutefois, de plus en plus de travailleurs sont heureusement plus réalistes et mettent eux-mêmes leurs leaders au pas.

Par ailleurs, plusieurs individus, de même que plusieurs entreprises, se préoccupent peu de se questionner pour savoir s'ils posent les bons gestes en vue d'atteindre leurs objectifs. On se contente de travailler pour travailler, de peur peut-être de se sentir coupable en restant inoccupé, et on oublie ainsi que l'efficacité consiste à accomplir les bonnes actions pour atteindre les résultats recherchés. Ce court volume se veut une recherche des bons moyens pour réussir votre vie au travail. Ironie du sort: la science administrative s'est inspirée de la réussite de certains administrateurs pour établir des principes valables pour l'administration des entreprises; nous nous inspirerons maintenant des grands principes de l'administration des entreprises pour définir les principes valables pour une discipline personnelle efficace, condition essentielle pour la réussite de votre vie au travail.

## Chapitre II

# La connaissance de soi: miser sur ses forces, mais connaître ses faiblesses

John F. Kennedy avait de grandes forces au niveau des connaissances, mais c'était aussi un homme d'action à la forte personnalité: "Il avait tout pour réussir, un père qui fut en son temps l'un des hommes les plus riches des États-Unis, des amitiés dans le monde de l'économie, de la politique et de la presse, un passé héroïque forgé au cours de la Deuxième Guerre mondiale, une famille toujours prête à l'aider de ses conseils, de ses ressources et de ses talents, bref un clan au service d'un homme. Rien d'étonnant, dans ces conditions, si John F. Kennedy est devenu rapidement un leader du Parti démocrate, une personnalité importante de l'État du Massachussetts et finalement le président des États-Unis. Certes, il n'a jamais été un *self-made man*. Il a bénéficié dès sa naissance de très nombreux atouts. Mais la vérité est plus complexe. Kennedy s'est constamment battu. Il a dû franchir des obstacles qui, vus de près, paraissent insurmontables. Il n'est pas seulement le charmeur qui s'est donné la peine de venir au monde. Sa vie et même son enfance, on ne les comprend pas si l'on néglige la nécessité permanente de la lutte" (*Kennedy*, par André Kaspi, page 35).

Avant de se fixer la présidence des États-Unis comme objectif, Kennedy a sûrement fait un inventaire, un peu comme dans le texte de Kaspi cité ci-dessus, des différents atouts qui pouvaient lui permettre de s'attaquer à la réalisation d'un tel objectif, car il faut savoir d'où l'on part pour mieux décider où l'on veut aller.

C'est d'ailleurs une des étapes à franchir dans le processus de la gestion par objectifs dans les entreprises: l'analyse de nos ressources et de nos limites. Si l'on veut réussir comme individu dans sa vie au travail, il est important de procéder à un inventaire semblable et de connaître ses forces et ses faiblesses, autant du point de vue de sa personnalité que du point de vue de ses connaissances.

En ce qui concerne la personnalité, les qualités les plus importantes pour la réussite peuvent être développées par chacun de nous si nous le voulons: Il s'agit de l'intensité de notre désir, d'un niveau d'exigences pas trop élevé et du passage à l'action.

Intensité du désir d'abord. Désir d'un service à rendre à une clientèle, désir qui devient objectif et passion, qui devient rêve et obsession lorsqu'il est pétri d'émotion et de foi. Écoutons Kennedy qui évoque ce désir de servir ses compatriotes américains ainsi que pour tous les habitants de la terre: "Ne vous demandez pas, mes chers compatriotes américains, ce que votre pays fera pour vous. Demandez-vous ce que vous pouvez faire pour votre pays." L'appel, on l'oublie quelquefois, s'adresse au monde entier puisque Kennedy poursuit en ces termes: "Ne vous demandez pas, mes chers compatriotes du monde entier, ce que l'Amérique va faire pour vous, mais ce que tous ensemble nous pouvons faire pour la liberté de l'homme." C'est là qu'apparaît la mise en scène. Après avoir suscité l'inquiétude, Kennedy stimule les énergies. Il rejette vigoureusement le fatalisme, l'abandon, le désespoir. Il excite l'optimisme fondamental des Américains. Rien n'est perdu, dit-il en substance, si nous avons la ferme volonté de ne rien perdre. Il est possible, sous la direction d'un chef énergique et imaginatif, de sortir du mauvais pas. C'est la mission des États-Unis de lancer une nouvelle croisade, de rester fidèles à eux-mêmes (*ibidem*, page 118).

Cependant, cette force du désir est stimulante et créatrice à la seule condition qu'elle ne soit pas exigeante, auquel cas elle devient oppressante et inhibitrice. Nous savons en effet que l'exigence consiste en cette attitude de l'esprit qui fait une catastrophe de tout ce qui n'est pas obtenu assez rapidement ou assez complètement à notre goût parmi les choses que nous désirons. Par ses exigences, notre esprit veut soumettre la réalité à ses désirs, dont il fait des besoins absolus, comme si la réalité devait toujours nous servir et nous faire des cadeaux. Ainsi, un désir intense pourrait s'exprimer de la façon suivante: je veux vraiment telle chose et je suis prêt à m'imposer tous les sacrifices requis pour l'obtenir, en sachant que les autres et la réalité ne me sont obligés en rien. Je veux donc mettre toutes les chances de mon côté grâce à ma bonne disposition d'esprit et à mes efforts. Si je ne réussis pas, ce ne sera pas faute d'avoir vraiment essayé. Quant à l'exigence, elle s'exprime plutôt de la façon suivante: il faut absolument que j'obtienne telle ou telle chose. Ce serait une catastrophe de ne pas l'avoir. Je dois sans faute l'obtenir sans quoi je serai le dernier des humains. L'intensité d'un désir est basée sur une vision réaliste de nos capacités. Le désir tient compte des probabilités et révèle une volonté de bâtir l'avenir en mettant l'accent sur le travail et les efforts à fournir. Il n'y a pas de catastrophe si le succès n'est pas atteint immédiatement conformément à l'objectif visé. Nous pouvons alors procéder à un ajustement de la stratégie et à un changement de tactique pour poursuivre notre démarche vers notre objectif. L'objectif lui-même peut être révisé; nous pouvons le rendre plus réaliste sans l'abandonner. En cas d'exigence, au contraire, il y a risque de démission après quelques revers, car nous accusons la réalité de ne pas bien nous servir et nous n'admettons pas qu'elle nous contrarie. Cet état d'esprit transpire dans notre attitude. Nous pouvons devenir renfrognés ou taciturnes, dépressifs ou maussades, de sorte que notre entourage n'ait plus du tout envie de nous aider et de communiquer avec nous. Comme le processus d'échange est crucial dans les réussites humaines et comme notre attitude bloque cet échange, nos exigences empêchent notre succès. Mais nous pouvons travailler à diminuer nos exigences: nous verrons de quelle façon dans le chapitre suivant.

Une troisième qualité essentielle au niveau de la personnalité consiste dans le passage à l'action. L'action intervient comme le complément parfait, et requis de façon absolue, du désir intense lié à des exigences le plus basses possible. En fait, quand nous exigeons moins des autres et de la vie, quand nous cessons d'attendre des cadeaux de notre entourage, quand nous nous fixons en même temps des objectifs élevés et que nous y mettons toute l'intensité de notre désir, nous sommes alors fortement disposés à l'action. Nous savons que c'est notre travail, notre effort d'imagination, de créativité et de vente de nos services à une clientèle qui nous permettront d'arriver à des résultats. Nous ne comptons alors que sur nos propres moyens, en estimant que ce serait faire injure à Dieu et aux hommes que de les obliger à nous aider. La nature a été conçue sans aucune obligation à notre égard et nos frères humains ont été créés libres de nous aider ou de ne pas nous aider. Il nous revient de les amener à nous aider en travaillant activement à leur rendre service. Dans le cadre d'un processus d'échange, ils seront intéressés à nous aider si nous servons leurs intérêts.

Pour un croyant, la tentation est forte de se confier à Dieu en voulant lui remettre tout le travail entre les mains. Je crois que la véritable confiance en Dieu repose plutôt sur une diminution de nos exigences à l'égard de la vie et dans l'acceptation d'une réalité qui sera toujours imparfaite, quoi que nous fassions. En ce sens, la confiance en Dieu façonne l'attitude essentielle de non-exigence qui mène au succès. Elle peut aussi nous inspirer des désirs très élevés comme le prouve le travail formidable de Mère Teresa pour "les plus pauvres parmi les pauvres", tout en n'excusant jamais la passivité, car Dieu ne se substitue pas aux humains dans leur action comme le prouve encore le travail de Mère Teresa. Elle a obtenu un succès éclatant dans la réalisation de son objectif de servir les pauvres, la clientèle qu'elle avait choisie. Son succès fut d'ailleurs reconnu par un prix Nobel de la Paix. Ce succès est dû principalement à ces qualités personnelles essentielles dont nous parlons précisément ici: un niveau d'exigences très bas, un désir intense et le passage à l'action.

C'est Mère Teresa elle-même qui raconte comment, après avoir quitté les Soeurs de Lorette, congrégation de religieuses enseignantes, pour se consacrer aux pauvres, elle se vit assez tôt confrontée à de grandes difficultés: "Pour recueillir les abandonnés, il fallait un toit. Je me mis en quête. Je marchais, je marchais sans m'arrêter jusqu'à n'en plus pouvoir. Je comprenais mieux à quel degré d'épuisement les vrais pauvres en arrivent, toujours à la recherche d'un peu de nourriture, de médicaments, de tout en réalité! Le souvenir de la tranquillité matérielle dont je jouissais au couvent de Lorette se présentait à moi comme une tentation. J'adressai alors à Dieu cette prière: "Mon Dieu, c'est par un choix libre et pour l'amour de Toi que je veux rester ici et faire ce que ta volonté exige de moi. Non! Je ne retournerai pas en arrière. Ma communauté, ce sont les pauvres. Leur sécurité est ma sécurité; leur santé, ma santé; ma maison est la maison des pauvres: non, pas des pauvres tout court, mais des plus pauvres parmi les pauvres. De ceux que les gens évitent soigneusement par peur de la contagion ou crainte de se salir car ils sont couverts de microbes et d'insectes. De ceux qui ne vont pas prier car ils n'ont rien à se mettre pour ne pas sortir tout nus. De ceux qui ne mangent plus parce qu'ils n'ont même plus la force de manger. De ceux qui tombent sur la route, sachant qu'ils sont sur le point de mourir, sans que ceux qui sont vivants et bien portants leur prêtent attention en passant à côté d'eux. De ceux qui ne peuvent plus pleurer car ils n'ont plus de larmes" (*Mère Teresa, une main de tendresse*, pages 60-61).

Dans n'importe quel travail, l'action suppose que l'on soit dédié à la tâche et que l'on s'y implique. Peut-être n'est-il pas requis de s'impliquer de façon aussi absolue que Mère Teresa, mais il faut vraiment s'impliquer si l'on veut atteindre le succès. Or, ce qui me frappe dans la société actuelle, c'est cet effort des employés, souvent encouragés par leur syndicat, pour ne pas s'impliquer dans leur travail, comme s'ils devaient travailler à la faillite plutôt qu'à la réussite de l'entreprise qui les fait vivre, comme si l'entreprise devait se contenter de faire suffisamment d'argent pour payer leurs salaires, sans jamais faire de profits. Travaillant de la sorte, en se gardant bien de s'impliquer et de s'identifier à leur entreprise et à la direction, ils ne s'aperçoivent même pas qu'ils vont à l'encontre de leur intérêt personnel. Or, s'impliquer veut dire être prêt à affronter quelques difficultés et consentir à des sacrifices pour son travail. Kennedy croyait à cette implication dans le travail, à un engagement total. L'engagement (*commitment*) est aussi un mot-clé dans le vocabulaire de Kennedy. Deux fois au cours de son discours d'entrée en fonction, le président s'engage: "Que toutes les nations sachent, qu'elles nous veuillent du bien ou du mal, que nous paierons n'importe quel prix, que nous supporterons n'importe quel fardeau, que nous ferons face à n'importe quelle difficulté, que nous soutiendrons tout ami ou que nous nous opposerons à tout ennemi afin d'assurer la survivance et le triomphe de la liberté" (*Kennedy*, par André Kaspi, page 120).

L'ouverture d'esprit est une autre qualité liée à la personne d'action, une ouverture d'esprit qui est ouverte au changement. Il ne s'agit pas de changement pour le changement, mais d'un changement parce que, dans l'action quotidienne, on est perpétuellement en marche vers l'avenir. C'est dès aujourd'hui que l'on bâtit demain, en tenant compte de l'expérience du passé et en prenant bien soin de ne pas briser la continuité. Ce n'est toutefois pas en refusant tout changement que l'on se bâtit une carrière, mais plutôt en essayant de prévoir les changements et de s'y adapter de façon à être parmi les premiers à en profiter.

Une autre qualité personnelle requise pour le succès au travail, qualité liée aux trois qualités principales déjà mentionnées, consiste dans l'indépendance d'esprit. Il nous faut être des individus relativement autonomes pour agir suivant nos propres désirs et nous fixer nos propres objectifs. Nous devons être autonomes pour délaisser le niveau habituel des exigences de notre entourage et travailler à maintenir nos exigences personnelles au niveau le plus bas possible. Nous devons être autonomes pour passer résolument à l'action alors que plusieurs personnes de notre entourage sont des éteignoirs et nous incitent plutôt à en faire le moins possible et à ne pas nous impliquer dans notre travail. Cette indépendance d'esprit se développe en apprenant à maîtriser nos émotions et en combattant activement toutes nos peurs, telles la peur de la critique, la peur du pouvoir et la peur de perdre notre emploi. Nous verrons au chapitre III comment maîtriser les principales émotions désagréables qui nous empêchent d'accéder à une plus grande autonomie et à une meilleure indépendance d'esprit. Celui qui a toujours peur de tout ne peut se donner entièrement à son travail. Kennedy avait bien maîtrisé ses peurs, de toute évidence, et il s'est même vu attribuer deux médailles de courage exceptionnel par l'armée américaine. De plus, "Kennedy a répété en diverses circonstances qu'il ne craint pas la mort et que n'importe comment un assassin éventuel pourra toujours agir, s'il est prêt à échanger sa vie contre celle du président" (*ibidem*, pages 11-12).

Finalement, au niveau des forces relatives à la personnalité, forces requises pour le succès au travail, il faut mentionner l'honnêteté, la loyauté, la coopération et la collaboration avec les autres, qualités d'ensemble d'une personne intègre. Car l'on ne bâtit pas son succès en écrasant les autres, sous peine d'obtenir un succès qui s'effondrera tôt ou tard quand les autres seront assez forts pour se regrouper et répondre aux coups par des coups. On ne bâtit pas son succès sur la haine, l'agressivité, la rancune et la vengeance, car ces émotions désagréables envahissent l'esprit et entraînent une attitude qui détruit l'atmosphère d'échange et fait fuir la clientèle. Or nous avons vu que l'échange et la clientèle pour nos services sont précisément au coeur même du succès: aucun échange ne se réalisera de façon profitable et durable si le climat n'est pas favorable.

Si nous voulons faire un inventaire honnête de nos ressources personnelles, nous devons regarder si nous possédons les qualités énumérées ci-dessus, car leur absence constitue une faiblesse que nous devons nous avouer et travailler à combler. Comme nous pouvons maîtriser nos émotions (nous le verrons au chapitre suivant), nous pouvons aussi travailler à nous améliorer nous-même, ce qui peut se faire de façon très efficace avec l'approche émotivo-rationnelle. Cependant, l'honnêteté et la loyauté ne s'apprennent pas: elles relèvent de la volonté et de la détermination quand nous constatons qu'il en va de notre avantage et de notre intérêt à long terme. Mieux vaut être honnête et intègre, car ces qualités représentent les éléments de base de notre réputation. Celui qui ne posséderait que ces éléments de base peut pratiquement construire toute une vie de travail et de succès à force d'efforts et grâce à un bon conditionnement physique et psychologique. Par ailleurs, une faiblesse de personnalité que l'on ignore souvent mais qui a son importance en ce qui concerne le succès au travail, est de négliger les petites occasions qui se présentent quotidiennement, trop humbles pour qu'on les remarque mais qui représentent pourtant une chance inestimable pour celui qui les accepte et sait les utiliser. C'est parfois en acceptant ces petites occasions que nous nous faisons remarquer et que nous nous créons une clientèle qui nous offrira plus tard de plus grandes occasions.

Nous avons brossé rapidement un tableau des qualités personnelles de base requises ou à développer pour une bonne discipline personnelle au travail. Il appartient à chacun de vérifier s'il les a ou non et de prendre la décision de les acquérir. Nous pouvons maintenant parler des forces personnelles qui se trouvent du côté des connaissances. Certains pensent que notre période d'apprentissage se termine avec l'école et que le couronnement de nos connaissances se fait une fois le diplôme obtenu. Or rien n'est plus faux, car la vie constitue un perpétuel apprentissage jusqu'à notre mort. Celui qui cesse ou refuse d'apprendre indique par là qu'il n'a plus aucun intérêt: le manque d'intérêt conduit à la passivité et à la croyance irréaliste qu'il faut attendre tout des autres et de la vie, et la passivité conduit à la dépression.

Un inventaire des connaissances que nous possédons, et un examen attentif de cet inventaire, peut donc nous amener à nous découvrir des intérêts qui nous permettront d'accéder à de nouvelles réussites au travail, ou nous indiquer où il faudra mettre l'accent pour combler nos faiblesses. Procéder à un tel inventaire, de façon réaliste et lucide, en évaluant nos connaissances comme si nous étions étranger à nous-même exige déjà de la discipline. Mais il suffit de dire: "Je le fais", et de le faire. Il faut nous forcer littéralement à le faire, en étant décidé à combler les faiblesses décelées au cours de cet inventaire par l'acquisition de nouvelles connaissances si l'objectif que nous voulons réaliser indique que des connaissances additionnelles sont requises. Nous pouvons donc noter tout ce que nous avons appris dans le passé, par l'enseignement scolaire et l'expérience ainsi qu'à l'occasion de lectures personnelles et de loisirs. Peut-être les intérêts découverts durant nos loisirs pourront-ils être combinés avec nos intérêts et nos expériences de travail pour faire surgir une nouvelle idée ou un nouvel objectif auquel il nous serait plus plaisant de nous consacrer. Il arrive bien sûr que la réalisation d'une idée nouvelle surgie d'une telle combinaison comporte des risques, mais c'est le prix à payer pour un plus grand accomplissement personnel. Certaines personnes veulent si peu risquer dans la vie qu'elles n'en finissent plus d'avoir peur et se reprochent plus tard de ne pas avoir agi, ce qui d'ailleurs ne résout rien.

Que font donc les entreprises quand elles procèdent à l'analyse de leurs forces et de leurs faiblesses? Elles tentent de découvrir le domaine où elles sont les plus fortes, celui où elles excellent, c'est-à-dire les travaux qui leur semblent le plus faciles à cause des connaissances spécialisées qu'elles ont accumulées et à cause de leurs avantages concurrentiels. Elles se spécialisent alors dans ce domaine. Le secret de l'efficacité réside en effet dans la concentration, concentration sur nos connaissances et concentration des efforts humains pour appliquer ces connaissances, pour éviter de se disperser et pour ne pas "perdre le fil". De même, comme individu, nous avons avantage à nous spécialiser et à posséder à fond notre domaine de spécialisation. Vous devez donc trouver le domaine que vous aimez et où vous excellez: c'est habituellement le domaine privilégié de vos intérêts, le domaine qui vous semble facile alors qu'il semble compliqué aux autres. Creusez-le encore plus et fixez-vous l'objectif d'en apprendre le plus possible dans ce domaine. Faites-le en envisageant l'utilité de ce domaine pour une clientèle actuelle ou éventuelle et n'ayez pas peur de viser loin et haut. Un succès au travail se réalise sur bien des années, et même sur toute une vie, car vous êtes en démarche constante vers un objectif.

Voyez un peu quelles connaissances Kennedy a dû acquérir pour bâtir sa carrière d'homme public: "Représentant de Boston pendant six ans, sénateur du Massachusetts pendant huit ans... Lorsque John F. Kennedy accède à la présidence des États-Unis, à 43 ans, il est le plus jeune de tous ceux qui ont été élus à ces hautes fonctions. Et pourtant, sa carrière politique est déjà longue; son apprentissage politique, solide et varié. Il s'est initié aux rouages du Congrès, aux grands problèmes de la politique intérieure et des relations internationales, aux subtilités, voire aux astuces des campagnes électorales. Ces quatorze années qu'il est difficile malgré tout de reconstituer dans le détail et plus encore d'interpréter sont néanmoins essentielles dans la formation de l'homme public" (*ibidem*, page 61).

Si, par ailleurs, vous voulez choisir votre domaine de spécialisation en vous aidant de techniques de créativité pour compléter votre inventaire de ressources personnelles, vous pouvez encore, à la manière des entreprises, utiliser par exemple la technique du *brainstorming*. Cette technique consiste à réunir quelques personnes qui lancent toutes sortes d'idées sur un sujet donné, comme elles leur viennent à l'esprit, en désordre et sans aucune évaluation, dans une espèce de bombardement d'idées qui ne seront évaluées, retenues ou rejetées que par la suite. Cette technique peut également être utilisée pour soi-même en jetant différentes idées ou associations d'idées sur papier et en ne se permettant de les évaluer que dans un deuxième temps.

Rien ne vous empêche non plus de demander des conseils et des opinions à des personnes qui vous connaissent bien. Ces personnes vous connaissent souvent mieux que vous ne vous connaissez vous-même. Et si l'on vous a déjà remis des évaluations de rendement, pourquoi ne pas revoir les remarques qui vous ont semblé les plus agaçantes, car c'est habituellement là que vous retrouverez les points sur lesquels vous avez avantage à travailler, soit au niveau du comportement au moyen du conditionnement psychologique, soit au niveau des connaissances par l'étude, la recherche, l'expérience et l'observation.

Enfin, comme j'en parlais au premier chapitre, n'oubliez jamais que vos connaissances sont destinées à une clientèle. C'est pourquoi il est avantageux de toujours vous poser cette question: "En quoi puis-je être utile aux autres? En quoi puis-je être utile à mon patron? En quoi puis-je être utile à mes subordonnés? En quoi puis-je être utile à mes collègues de travail? "N'hésitez pas alors à dépasser les cadres de votre profession et à faire appel à l'ensemble de vos connaissances et de vos intérêts, car vous travaillez pour votre entreprise avant de travailler pour votre profession, et une profession se sclérose d'être trop fermée sur elle-même, de la même façon que les individus se sclérosent s'ils se referment sur eux-mêmes. L'épanouissement suppose en effet une ouverture aux autres, une ouverture sur l'extérieur vers un objectif qui nous dépasse.

La gestion par objectifs dans une entreprise suppose que les différents services de l'entreprise collaborent et que chacun indique comment il peut aider l'autre à atteindre ses objectifs spécifiques et l'objectif général, et comment il peut être aidé par les autres. Peter Drucker ne suggère-t-il pas aux gestionnaires de poser la question suivante à tous leurs collaborateurs de tous les niveaux hiérarchiques, à tous les six ou neuf mois: "Qu'est-ce que notre organisation fait, et qu'est-ce que moi-même je fais pour vous aider à accomplir le travail pour lequel vous êtes payés? Et qu'est-ce que nous faisons qui puisse vous nuire ou vous empêcher de faire votre travail?" (*Managing in Turbulent Times*, traduction de l'auteur, page 24).

Un autre point sur lequel Peter Drucker insiste, et cela revient sans cesse dans tous ses livres, est la responsabilité que l'on doit donner à chacun. Or, la responsabilité de chacun est précisément de servir les autres, de servir sa clientèle.

Comme cet esprit de service s'est largement détérioré dans notre société moderne (car on a peur de devenir servile), il y a lieu d'insister sur le fait qu'il y va de notre intérêt puisque, toujours dans notre processus d'échange, c'est en la servant le mieux possible que nous invitons notre clientèle à revenir. Il y va de notre intérêt de penser, comme Hans Selye, que l'altruisme est valable pour nous dans notre poursuite égoïste du bonheur.

Nous avons donc essayé jusqu'ici de voir comment nous pouvons en arriver à une meilleure connaissance de nous-même pour miser sur nos forces tout en connaissant nos faiblesses. Nous pouvons ainsi savoir d'où nous partons avant de nous demander où nous voulons aller exactement? Cela fait partie du processus de décision, une autre notion dont on parle beaucoup dans les entreprises.

On nous dit souvent de partir des faits pour en arriver à une décision en gestion. Peter Drucker nous dit de nous baser plutôt sur des opinions, de rassembler le plus d'opinions possible en essayant de trouver des opinions favorables et défavorables au projet envisagé avant de prendre une décision. La même chose peut s'appliquer dans notre vie personnelle au travail. Connaissant nos ressources personnelles et notre volonté de les améliorer, notre recherche consistera à découvrir des besoins dans la société pour un marché éventuel dans lequel pourraient s'exercer nos compétences. À la question: "Y a-t-il des besoins non comblés autour de moi?", nous avons avantage à répondre par le plus d'éventualités possible en oubliant momentanément nos propres ressources. Cette question a trait essentiellement à une clientèle éventuelle, et il s'agit toujours d'un besoin extérieur à nous-même. L'objectif est toujours tourné vers l'extérieur, vers les autres. Les opinions ou les hypothèses formulées quant aux besoins de la clientèle peuvent dès lors être considérées comme des objectifs à envisager. On a avantage à éviter le chemin sans issue de la solution unique et parfaite qui pourrait répondre de façon exacte aux besoins de la clientèle, à nos propres ressources et à nos contraintes, car toutes les probabilités indiquent que cette solution parfaite n'existe pas.

Ayant cumulé les différentes possibilités parmi les besoins non comblés autour de nous, nous sommes en mesure d'évaluer chacune de ces possibilités en fonction de nos propres ressources et limites en nous posant les questions suivantes: "Est-ce que cette possibilité m'intéresse? Est-ce que j'ai les ressources requises pour y faire face? Quelles sont les ressources qui me manquent? Suis-je prêt à faire les efforts requis pour les obtenir, en m'imposant un bon conditionnement physique ou psychologique, de l'étude et du travail pour acquérir les connaissances nécessaires? Ce prix à payer pour atteindre cet objectif et combler ce besoin, est-ce que j'accepte vraiment de le payer? Devant les difficultés qui se présenteront nécessairement, et que j'essaie de prévoir, ne serai-je pas tenté de fuir? Est-ce que je veux vraiment et profondément réaliser cet objectif?"

Si, après avoir répondu à toutes ces questions, vous voulez vraiment réaliser telle ou telle possibilité et si vous êtes prêt à vous imposer tous les sacrifices pour y parvenir après avoir envisagé les avantages et les inconvénients, si vous avez surtout insisté sur le prix à payer pour réaliser votre objectif dans l'action, alors vous pouvez retenir cette possibilité et vous en faire un objectif.

Mais il ne faut jamais oublier que votre objectif ne se réalisera pas tout seul. Il constituera une grande récompense lorsqu'il sera devenu résultat. Pour cela, il doit subir le processus de l'échange, et vous devez donc donner de vous-même en retour. Si vous êtes prêt à donner de vous-même et si vous y croyez, cet objectif vaut tous les risques. Retenez que ce n'est pas la décision qui est difficile. Ce qui est difficile, c'est la discipline pour maintenir cette décision et le courage de surmonter les difficultés qui se présentent à tout instant.

## Chapitre III

# Conditionnement physique et conditionnement psychologique

C'est notre esprit qui fabrique le bonheur et le malheur, car ni le bonheur ni le malheur n'existent dans la réalité. Fabriquer son propre bonheur, en accord avec son esprit, exige de la discipline, et la discipline s'apprend, que l'on soit jeune ou vieux. Il suffit de vouloir vraiment apprendre. Certains disent qu'on ne peut changer à quarante ans, mais moi je dis: si vous voulez vraiment changer, il n'y a pas d'âge pour apprendre à vous discipliner et à forger votre caractère.

Martin Luther King, prix Nobel de la Paix en 1964, apprit très jeune à se discipliner: "(...) Contrairement à celle de millions d'autres Noirs américains, l'enfance de King s'est déroulée dans l'ordre, l'équilibre et la retenue: école du dimanche, service divin, et BYPU (*Baptist Young People's Union*) le dimanche, jeux dans la maison ou le voisinage, pendant la semaine, livraison de journaux l'après-midi (pas tant pour l'argent que pour la discipline et la formation du caractère), coucher tôt et lever tôt. Chez les King, les journées commençaient et s'achevaient par des prières en famille, et King ainsi que son frère et sa soeur devaient apprendre par coeur des versets de la Bible, pour les réciter au repas du soir" (*L'homme d'Atlanta: Martin Luther King*, par Lerone Bennett, page 34).

La discipline est en effet faite de bonnes habitudes, bonnes habitudes de conditionnement physique et de conditionnement psychologique. De la même manière que des exercices corporels opportuns résultent en un corps sain, une façon de penser correcte peut entraîner un esprit sain, et une influence réciproque s'exerce de l'un à l'autre. Il suffit de découvrir cette façon de penser correcte, puis de développer des habitudes de pensée. Et nous pouvons l'apprendre par nous-mêmes si nos parents ne nous l'ont pas appris.

Le seul véritable barème de pensée correcte se trouve dans la réalité, car la vérité est en accord avec la nature et la réalité. Ainsi, la réalité ne juge rien ni personne, tandis que les humains sont portés à juger toutes personnes et toutes choses. Et les humains ne s'aperçoivent pas que leurs jugements relèvent d'une question de goût: c'est pourquoi les jugements varient tellement d'une personne à l'autre, même s'il se crée parfois des jugements quasi universels affirmant par exemple que telle chose est bonne ou mauvaise. Ainsi, lorsque nous disons que nous sommes heureux, nous faisons en fait l'évaluation de ce qui nous arrive dans notre esprit et nous jugeons que c'est bon pour nous. Si nous disons que nous sommes malheureux, nous évaluons ce qui nous arrive et nous jugeons que c'est mauvais pour nous. C'est donc notre esprit qui fabrique notre bonheur ou notre malheur, parce que c'est lui qui introduit l'évaluation dans les choses.

Vous me direz: mais regardez donc tous ces malheurs autour de vous! Des guerres, des cataclysmes, des frères qui s'entretuent, des viols et même des incestes, de la famine dans certains pays, de la pauvreté même dans les pays les plus évolués! Vous me direz encore: regardez dans les milieux de travail: des mises-à-pied et des congédiements, des rétrogradations et des mesures disciplinaires, des salaires indécents et des injustices!

Je vous répondrai: regardez la réalité et essayez de voir ce que sont ces événements. Est-ce qu'il est dit que ça ne devrait pas arriver? Non, ce sont les humains qui disent que ça ne devrait pas arriver. Or, dans la réalité, les choses arrivent tout simplement et elles ne sont jamais évaluées comme étant bonnes ou mauvaises. Ce sont les humains qui, suivant leur désir de voir se produire les choses qu'ils souhaitent, définissent un code moral et disent que ce qu'ils souhaitent devrait arriver, et que les autres humains devraient faire en sorte que cela arrive. C'est donc à cause de cette intervention de l'esprit humain que nous parlons de bonheur ou de malheur, selon que nous jugeons que les choses qui arrivent sont bonnes ou mauvaises pour nous. Nous nous permettons donc de condamner les autres en disant qu'ils n'auraient pas dû ou ne devraient pas faire telle chose (l'agressivité), que nous-mêmes n'aurions pas dû ou ne devrions pas faire telle chose (la culpabilité), que notre valeur personnelle diminue en certaines circonstances (la dépression) et nous nous tracassons sans arrêt à propos de dangers éventuels devant lesquels nous serions impuissants (l'anxiété).

Il est intéressant que le bonheur ou le malheur soient créés par l'esprit humain, puisque notre esprit est peut-être le seul élément que nous pouvons contrôler véritablement. Il nous suffit donc d'apprendre à penser en conformité avec la nature. Ce qui peut se faire, avec un travail répété et de la ténacité, grâce à la confrontation, processus qui consiste à comparer nos idées avec la réalité (voir les autres livres de l'auteur et ceux de Lucien Auger) pour mieux combattre nos idées irréalistes et les remplacer par des idées réalistes. Ainsi, lorsque je suis agressif à l'égard des autres, c'est que je me dis intérieurement que les autres ne devraient pas être ce qu'ils sont ou faire ce qu'ils font: je peux confronter cette idée irréaliste en constatant tout simplement que les autres ont parfaitement le droit de faire ce qu'ils font puisqu'ils le font. C'est ce que j'appelle le conditionnement psychologique: entraîner mon esprit à penser en conformité avec la réalité.

De la même façon, je pourrai me conditionner psychologiquement face à la culpabilité. La culpabilité origine en effet de l'idée irréaliste que je ne devrais pas ou que je n'aurais pas dû faire telle chose. Elle se confronte en constatant, dans la réalité, que je n'aurais tout simplement pas fait cette chose si je n'avais pas dû la faire. Ce qui arrive doit arriver: on ne peut qu'être fataliste en ce qui concerne le passé, tandis que l'on peut préparer et bâtir l'avenir. La dépression vient de l'idée que je n'ai plus de valeur ou que ma valeur est très basse: elle se confronte en constatant que la réalité n'évalue jamais les êtres humains et ne les compare jamais les uns aux autres, puisque la réalité n'évalue rien ni personne. Seul l'esprit humain peut attribuer une valeur à l'être humain, mais s'il le fait, il a avantage à attribuer une valeur identique à tous les êtres humains pour que nous ne soyons pas tentés de nous éliminer les uns les autres selon que nous attribuons aux autres une valeur moindre. Quant à l'anxiété, c'est une idée irréaliste concernant un danger devant lequel nous estimons être impuissants. L'anxiété se confronte en analysant la réalité pour voir s'il est vrai que certaines choses menacent l'intégrité de notre personne ou certains objets de nos désirs, et en regardant ce que nous pouvons faire face à ce danger, car il est très rare qu'il n'y ait rien à faire.

L'habitude du conditionnement psychologique fait des merveilles pour ceux qui s'en imposent la discipline. Cette habitude peut changer une vie. Il suffit de dire: "Je le fais", et de le faire. Une telle habitude peut nous servir à acquérir toutes les qualités personnelles dont nous parlions au chapitre II, car l'une des plus importantes parmi ces qualités personnelles consiste dans un niveau d'exigences le plus bas possible. Or la confrontation nous apprend à accepter les choses que nous ne pouvons pas changer, ce qui précisément correspond à un niveau d'exigences très bas. Si nous parvenons à ne rien exiger de la réalité, ce qui ne nous empêche pas de désirer beaucoup, nous arriverons à penser exactement en conformité avec la réalité, ce qui correspond déjà à une forme de bonheur. Si par ailleurs nous réalisons beaucoup de choses en nous fixant un objectif et en travaillant activement à le réaliser, cela représente encore davantage de bonheur. Chacun de nous atteindra un bonheur d'autant plus grand que l'écart sera prononcé entre un niveau d'exigences très bas et un niveau de réalisation de désirs supérieur à ce niveau d'exigences.

On retrouve un des exemples les plus intéressants d'acceptation des réalités que l'on ne peut changer, en même temps que d'action pour bâtir l'avenir, donc d'un niveau d'exigences très bas et d'un travail acharné pour réaliser de grands désirs, dans la résistance passive dirigée par Martin Luther King lors du boycottage des autobus de Montgomery en Alabama, du 1er décembre 1955 au 21 décembre 1956, pour raison de discrimination envers les Noirs dans les autobus. Durant ce boycottage prolongé, une bombe détruit une partie de la maison de Martin Luther King, sans toutefois qu'il y ait de blessés. Une foule de plus de mille Noirs, bouillante d'émotions, se rassemble très vite près de la maison de King, et King s'adresse à cette foule dans une pleine maîtrise de lui-même, en appliquant parfaitement les deux principes dont nous parlons ici: "Nous ne prêchons pas la violence. Je vous demande d'aimer nos ennemis. Soyez bons avec eux. Aimez-les et faites-leur savoir que vous les aimez. Ce n'est pas moi qui ai commencé ce boycottage. Vous m'avez demandé de vous servir de porte-parole. Je veux que l'on sache dans tout le pays que, si l'on m'empêche de continuer, le mouvement, lui, continuera. Si l'on m'empêche de continuer, notre oeuvre continuera car ce que nous faisons est bien. Ce que nous faisons est juste et Dieu est avec nous" (*ibidem*, page 93).

On ne trouve aucune hostilité dans l'attitude de King, mais une fermeté inébranlable quant à ses objectifs. Cette attitude maintenue jusqu'à la fin explique presque totalement le succès éclatant de ce boycottage, lequel rencontra tous ses objectifs.

Niveau d'exigences le plus bas possible et acceptation d'une réalité que nous ne pouvons pas changer, mais en même temps action pour essayer de rendre la réalité la plus conforme possible à nos désirs. Qui dit désirs, et volonté de réalisation de désirs, dit en même temps objectifs et travail pour les réaliser. Cela suppose un désir fort et galvanisant, assez intense pour affronter toutes les difficultés et tous les sacrifices sans jamais abandonner son objectif. Martin Luther King affronta ainsi avec détermination l'emprisonnement et les cours de justice, en 1956 au cours du boycottage des autobus de Montgomery: "(...) le 21 février le grand jury du comté de Montgomery inculpa environ quatre-vingt-dix des principaux participants au boycottage de violation d'une ordonnance de 1921, qui considérait comme un délit d'entraver le fonctionnement d'une entreprise licite sans "juste cause ni excuse légale". En quarante-huit heures, King et d'autres pasteurs éminents furent arrêtés. Comme on pouvait le prévoir, l'arrestation de presque tous les pasteurs noirs de Montgomery donna à la communauté noire une unité qu'elle n'avait jamais eue; et le procès de King, considéré comme procès-témoin pour les autres accusés, ne servit qu'à renforcer sa position sur le plan local et sur le plan national" (*ibidem*, page 100).

Il est bien entendu difficile de discipliner son corps et son esprit pour réaliser des changements et bâtir l'avenir. Et les changements les plus difficiles à opérer sont ceux qui visent à nous transformer. Mais si nous avons vraiment à coeur nos intérêts et si nous désirons vraiment atteindre l'objectif que nous nous sommes fixé, rien ne nous empêche d'accéder à sa réalisation. Nous pouvons utiliser des techniques aussi efficaces que la confrontation des idées irréalistes et les appliquer pour une meilleure acceptation de nous-même, puis passer à l'action pour réaliser de grandes choses. J'ai en effet vu des tas de gens qui avaient appris les plus belles techniques mais qui ne se sont jamais forcés à les appliquer, et qui sont ensuite surpris de n'avoir obtenu aucun résultat. C'est ce qui s'appelle manquer de discipline. Curieusement, ces gens se condamnent souvent à travailler plus fort, et de façon moins agréable, en suivant une discipline qui leur est imposée, alors qu'ils auraient pu travailler plus agréablement en choisissant leur objectif, de façon réaliste, en tenant compte de leurs intérêt et en s'imposant leur propre discipline.

Il est très important de voir que la seule façon de nous améliorer, c'est d'abord de nous accepter nous-mêmes comme des êtres humains nécessairement imparfaits. Nous devons nous permettre des erreurs, accepter nos faiblesses en nous disant que jamais nous ne serons parfaits étant donné notre nature d'êtres humains imparfaits. Ce qui n'empêche personne d'adopter des habitudes contraires à ses faiblesses, de se placer en situation de risque et d'action pour affronter ses peurs et d'accéder ainsi à un mieux-être général. Être tolérant envers soi-même et envers les autres représente déjà un mieux-être enviable.

Je comparerais volontiers l'amélioration de soi-même à un budget personnel. Tout le monde sait qu'il existe deux grands moyens de faire de l'argent: augmenter ses revenus et diminuer ses dépenses. Il en va ainsi de l'amélioration personnelle: nous pouvons diminuer nos dépenses d'énergie personnelle en acceptant d'être imparfait, grâce à la confrontation des idées irréalistes, ce qui diminue notre niveau d'exigences, et nous pouvons augmenter nos revenus personnels grâce à l'acquisition de nouvelles habitudes pour le corps et l'esprit, dans l'action. La discipline de pensée, qui n'est en fait qu'une bonne administration de notre pensée, conduit à la discipline ou à la bonne administration de notre vie si l'on y joint l'action.

Comme nous l'avons dit au premier chapitre, la gestion par objectifs aboutit en fait à un contrat pour le gestionnaire qui s'entend avec ses supérieurs sur tel objectif précis. De la même façon, l'objectif général que l'on se fixe soi-même pour le succès de sa vie au travail devient un contrat par lequel on s'engage à poursuivre cet objectif sans relâche. En ce sens, l'amélioration de nous-même constitue un sous-objectif destiné à l'amélioration de nos ressources personnelles pour mieux réaliser notre objectif général. Rien n'empêche que cette amélioration se fasse en même temps que la poursuite de notre objectif général. Nous pouvons ainsi nous obliger littéralement à accomplir un certain nombre de confrontations par jour pour acquérir une perception correcte des événements quotidiens, comme nous nous obligeons à faire un certain nombre d'exercices physiques pour nous maintenir en bonne condition physique.

Dans notre intérêt personnel, nous devons viser au meilleur épanouissement possible de notre personne. Aussi bien mettre toutes les chances de notre côté! C'est pourquoi il est important de compléter un bon conditionnement psychologique par un bon conditionnement physique: "C'est ainsi que l'individu qui jouit d'un certain état d'entraînement physique démontre généralement plus d'enthousiasme et de dynamisme, possède un poids corporel équilibré, est physiologiquement plus économique au repos et devant le stress de l'effort physique et fait preuve d'une plus grande puissance et d'une plus grande capacité physique. Il est difficile de nier le fait que de tels avantages ne soient pas associés à la qualité de la vie. Il est en effet possible de faire l'unanimité au sujet des bénéfices qui peuvent être retirés, de ce côté de la médaille, par le développement et le maintien d'une bonne condition physique habituelle" (*La condition physique et le bien-être*, Claude Bouchard *et al.*, page 105).

N'est-il pas dans notre intérêt de revenir aux mots d'ordre des Anciens: *In medio stat virtus* (la vertu se situe dans un juste milieu) et *Mens sana in corpore sano* (un esprit sain dans un corps sain)? C'est une simple question de discipline ou de bonne administration de notre vie. En prenant en main notre vie au travail, et en nous conditionnant physiquement et psychologiquement, nous avons plus de chances d'obtenir une plus grande satisfaction au travail et de bénéficier d'une meilleure santé: "Ainsi, non seulement la satisfaction au travail est-elle le meilleur prédicteur positif de la longévité, mais le degré d'insatisfaction au travail influence de façon très significative la présence de la première cause de décès dans la société industrielle: la maladie cardiaque. C'est peut-être la première fois que l'on constate, sur le plan physique, et de façon scientifique, l'existence d'une toxicité "comportementale" et "attitudinale": les sentiments que l'on ressent face à son travail peuvent influencer l'espérance de vie! De quelle façon? Il y a bien sûr des facteurs comme la diète, l'exercice physique, les bons soins médicaux, l'héritage génétique; mais tous ces facteurs n'expliqueraient, globalement, que 25% des risques de maladie cardiaque. Ce qui revient à dire que si nous arrivions à contrôler parfaitement les habitudes diététiques, l'exercice, et tous ces facteurs, nous ne diminuerions l'incidence de la maladie cardiaque que de 25%. Les travaux de recherche récents semblent indiquer que le travail et les conditions qui l'entourent auraient une valeur explicative majeure dans les 75% de risque résiduel qui demeure inexpliqué. Bref, les professionnels de la santé sont confrontés avec un agent toxique invisible et difficile à quantifier" (*Stress, santé et rendement au travail*, par Dolan et Arsenault, page 37).

La solution est donc d'apprendre à nous connaître nous-même, de nous fixer des objectifs réalistes, qui peuvent être élevés si nous le désirons et si nous jugeons que nos ressources suffiront pour les rencontrer, ou si nous sommes suffisamment décidés pour travailler à l'amélioration de nos ressources personnelles, entre autres par le conditionnement physique et psychologique.

Le problème n'est pas tant d'avoir des désirs élevés que de se fixer des exigences intérieures très élevées, car ce sont ces exigences intérieures qui peuvent créer un stress. On ne pratique alors aucune tolérance vis-à-vis de soi-même, en se fixant par exemple des délais déraisonnables pour réaliser ses objectifs et ses désirs. C'est un peu ce que Dolan et Arsenault expriment à leur façon dans le texte suivant: "Certains individus ont tendance à se fixer des objectifs précis, et des échéanciers qui sont très exigeants sur le plan des efforts et des habiletés requises. Ils évaluent leur rendement au regard de standards internes d'excellence très élevés. Il est aisé de concevoir qu'une telle façon d'être peut être aussi "stressante" que gratifiante. Des individus moins imbus de cette "volonté de réussir" peuvent se sentir gratifiés à moindre stress. Il s'agit là d'un thème qui a été popularisé par les travaux sur les personnalités de Type A et de Type B. Cette typologie des comportements, initialement proposée par Rosenman et coll., a été par la suite largement utilisée dans les études sur le stress. Ils ont démontré que les individus combatifs, agressifs, impatients, incapables de s'arrêter, continuellement pressés par le temps (Type A) étaient significativement plus susceptibles de présenter une maladie coronarienne que les individus de Type B qui, à l'extrême, préfèrent laisser aux autres le soin de définir les exigences au travail et s'y adapter" (*ibidem*, page 108).

Le juste milieu ne se trouve-t-il pas dans des objectifs réalistes qui peuvent être élevés et qui font appel à toutes nos ressources personnelles, mais qui sont établis sur une période assez longue pour nous permettre d'exercer notre tolérance?... Je le crois. Et j'ajouterai qu'il faut avoir un niveau d'exigences le plus bas possible, et fournir un travail "discipliné" s'orientant sans relâche dans la voie de la réalisation de notre objectif.

## Chapitre IV

# La planification personnelle

On a souvent parlé de la fortune fabuleuse amassée en Europe, au XIXème siècle, par la famille des Rothschild. Ce dont on a moins entendu parler, c'est de l'élaboration d'une telle fortune qui reposait d'abord sur le plan du père Rothschild d'établir ses fils, chacun suivant ses aptitudes, dans les principales capitales de l'Europe et de maintenir des liens étroits de communication entre eux. Cette fortune a ensuite grandi, après la mort du père, grâce au respect et à la poursuite du même plan basé sur un système de communications absolument extraordinaire pour l'époque, de telle sorte que les Rothschild étaient informés de façon prioritaire de tout ce qui se passait à travers l'Europe et qui pouvait affecter leurs affaires. Ils étaient les premiers à connaître les nouvelles occasions ou les nouveaux dangers.

À l'intérieur de chaque pays où ils avaient été affectés, chacun des frères Rothschild développait son propre plan en l'adaptant aux conditions locales. C'est ainsi que, dès ses débuts à Paris où il est arrivé en 1811 à l'âge de dix-neuf ans, James de Rothschild se rend compte assez vite qu'il doit organiser sa vie sociale en fonction de ses affaires puisqu'on accorde tellement d'importance à la vie sociale: "À Paris, James n'a pas de peine à écarter ses amis de ses affaires puisqu'il n'a pas d'amis. Il se rend compte que cet isolement n'est pas fécond et qu'il lui faut polir son apparence à demi sauvage. Le prénom de Jacob, trop biblique, est abandonné pour celui de James dont la consonance anglaise lui semble du meilleur ton. (...) Il se désole d'être un danseur maladroit et d'être ridicule au bal. Apprendre à monter à cheval s'impose..." (*James de Rothschild*, par Anka Muhlstein, page 55).

C'est ainsi que James de Rothschild surmonte son double handicap de Juif et d'Allemand et se fixe un plan complet d'intégration à la société française, mais il n'oublie pas ses affaires, car c'est précisément dans ce but qu'il poursuit son intégration, et cette intégration elle-même fait partie de son travail. Sa richesse, qui devient vite extraordinaire, n'est donc pas le fruit du hasard mais d'une action incessante dans le sens de ses objectifs et dans le cadre de ses plans: "Enfin, imaginer qu'il suffisait aux Rothschild de la première génération d'ouvrir leurs coffres pour y recueillir la manne relevait de l'ineptie. Leurs réceptions princières, leurs salons toujours remplis d'élégants, leurs chasses et leurs cures masquaient ce qui faisait le vrai d'une existence tout entière consacrée au travail, au souci de ne pas laisser échapper la moindre occasion de conclure une bonne affaire, à la surveillance du moindre détail d'exécution: une vie passée à calculer et à calculer toujours. Jamais ils n'abandonnèrent leurs pesantes habitudes de travail; jamais ils ne faiblirent dans leur singulière persévérance à ne rien négliger qui pût leur rapporter un sou" (*ibidem*, page 125).

Comme il ne veut pas risquer de conflit entre sa famille et ses affaires, James de Rothschild marie même sa propre nièce, la fille de son frère Salomon, ce qui lui permet du même coup de préserver la fortune familiale et d'être fidèle à l'orthodoxie juive. On peut donc dire qu'il a de la suite dans les idées, qu'il n'abandonne pas ses objectifs et qu'il y travaille dans le cadre de plans précis qu'il ajuste au besoin.

Les succès obtenus par les humains sont rarement dus au simple hasard. Ils relèvent plutôt de plans conçus par des humains. Avant même d'exister dans la réalité, les succès se développent selon un plan dans l'esprit de quelqu'un, plan qui est plus ou moins élaboré, plus ou moins précis, qui peut demeurer dans l'esprit de celui qui l'a conçu ou être mis sur papier. Le plan ainsi conçu consiste dans la définition précise de différentes étapes et moyens pour passer de notre point de départ à notre objectif, ou point d'arrivée. Il s'agit donc d'un guide, d'une boussole nous indiquant ce qu'il faut faire et dans quelle direction aller pour atteindre nos objectifs généraux. Le plan révèle ainsi des objectifs intermédiaires qui nous mènent, en s'additionnant, à notre objectif général.

Pour que l'esprit humain puisse travailler à la planification d'une affaire, il faut d'abord qu'il soit convaincu de l'utilité de cette planification, qu'il se concentre sur ce travail en gardant toujours en vue l'objectif général poursuivi et qu'il y consacre un temps raisonnable.

Or l'utilité de plans ne fait pas de doute. D'innombrables cas démontrent en effet qu'on économise beaucoup de temps, au moment de l'exécution, lorsqu'on a pris la précaution de bien planifier un travail, que les moyens ont été précisés, que les étapes ont été clairement définies et que des délais ont été prévus. Pour avoir les meilleures chances de réussir votre travail et votre avenir, vous avez donc avantage à en planifier les grandes orientations et les grandes lignes pour guider votre action. Un plan est en effet un moyen de coordination qui décompose votre objectif général en parties "visibles" et plus accessibles, ce qui vous permet de mieux coordonner vos efforts. J'ajouterais même que lorsqu'il s'agit de votre vie, il est encore plus important de vous fixer un objectif général et d'adopter un plan pour sa réalisation. Cela fait partie d'une bonne discipline personnelle: n'est-il pas en effet au moins aussi important de bien administrer votre vie personnelle que de gérer une entreprise, d'autant plus que chaque être humain y trouve son intérêt. N'est-ce pas faire preuve d'irréalisme que de désirer quantité de choses, de les exiger même parfois, et de ne pas faire l'effort de découvrir ce qu'il faut mettre en oeuvre pour les obtenir? Découvrir ce qu'il convient de faire, dans un effort de pensée et d'analyse et l'inscrire dans un plan constitue déjà un pas de franchi vers la réalisation de notre objectif.

La vie d'Helen Keller, Américaine née en 1880 et devenue sourde-muette et aveugle à l'âge de deux ans, fut en effet remplie de plans de bataille qui lui permirent finalement de gagner très bien sa vie. Le premier plan la concernant fut élaboré par Ann Sullivan, institutrice spécialisée qui fut embauchée par les parents d'Helen Keller, en 1887, pour s'occuper d'elle. À ce moment-là, Helen était une enfant des plus indisciplinées. Comme Ann Sullivan s'était promis de lui apprendre à communiquer avec son entourage, elle entreprit de lui enseigner d'abord la discipline, ce qui constituait la première étape de son plan, l'étape suivante étant de lui épeler des mots dans les mains au moyen du toucher, puis d'établir la relation entre les mots ainsi épelés et les objets correspondants. C'était le grand objectif d'Ann Sullivan, et son plan se limitait à cela. Mais si un plan peut être réalisé de façon totale, le processus de planification ne s'arrête pas pour autant, car il est alors souhaitable d'élaborer d'autres plans. Ainsi, c'est bientôt Helen elle-même qui se fixa des objectifs, qui voulut parler et y parvint avec l'aide d'Ann Sullivan et d'un professeur d'élocution. À l'âge de quatorze ans, elle entre à l'école et y réussit très bien. Elle sait alors parler et écrire, ainsi que lire le braille en anglais, en allemand et en français. Elle se battra plus tard pour être admise à Harvard, ou plus précisément à Rodcliffe, branche féminine de Harvard. Elle y parviendra et deviendra une des diplômées de cette célèbre université. Elle passa ensuite sa vie à écrire et à donner des conférences à travers les États-Unis, en plus de travailler pour la Fondation américaine pour les aveugles. Si une personne aussi gravement handicapée que Helen Keller réussit à devenir autonome et à gagner honorablement sa vie, comment ne pas voir l'utilité d'objectifs et de plans précis pour nous-mêmes dans notre travail?

Deuxièmement, pour qu'un travail de planification soit efficace, il faut pouvoir se concentrer sur ce travail en gardant toujours en vue l'objectif général poursuivi. Or, la concentration est le secret de l'efficacité dans n'importe quel domaine. L'esprit ne doit être absorbé par rien d'autre que le plan à établir au moment de la planification, de la même façon qu'on ne doit faire qu'une seule chose à la fois au niveau de l'action pour y consacrer toute son attention et toute son énergie. Or, à ce niveau, les plus grands empêchements à la concentration mentale se trouvent dans les peurs et les anxiétés qui peuplent notre esprit: peur de l'échec, peur de paraître ne rien faire en planifiant au travail, peur de mal planifier et perfectionnisme exagéré. Comme nous l'avons vu au chapitre précédent, il y a alors lieu de faire appel au conditionnement psychologique pour rétablir un maximum de concentration.

La peur de l'échec se confronte en constatant que l'échec n'existe pas dans la réalité, car l'échec est une évaluation de l'esprit, et l'évaluation de l'esprit n'existe que dans l'esprit qui la crée. Quant à la peur de ne pas travailler vraiment lorsque nous planifions, surtout lorsque nous planifions certains travaux sur les lieux même de notre travail alors qu'il y a plusieurs tâches à exécuter, elle est liée à la culpabilité: il y a lieu alors de nous imposer des temps de planification en nous disant que nous n'avons pas à nous reprocher de perdre du temps et qu'il ne faut pas tenir compte des remarques des autres. Une bonne planification diminue même le temps passé à l'exécution de notre plan. Cette peur de paraître ne pas travailler fort, et de perdre ainsi du temps, est également liée au besoin de nous construire une image dans notre milieu de travail. Or, ce besoin de nous créer une image relève du besoin de nous prouver notre grande valeur: ce "besoin" se confronte en constatant que la réalité n'évalue jamais rien ni personne et que, en conséquence, jamais notre valeur ne change, puisqu'une telle valeur ne peut exister que dans l'esprit des humains que nous sommes.

Le peur de mal planifier et le perfectionnisme constituent en fait une seule et même chose. On se dit intérieurement que le plan à bâtir doit être parfait, et que s'il ne l'est pas on doit être condamné et jugé comme ayant perdu de la valeur. Or point n'est besoin d'observer longtemps la réalité pour constater que des plans absolument parfaits n'existent pas, et que les plans ne sont finalement que des guides pour notre action qui peuvent être remaniés en tout temps. Il est même souhaitable de les réviser et de les remanier pour nous adapter aux circonstances. Il vaut donc mieux établir un plan, et que ce plan soit imparfait, plutôt que d'essayer d'en bâtir un qui soit parfait et de ne pas en établir du tout. Aussi bien viser dès le point de départ à élaborer un plan approximativement correct.

Troisièmement, pour qu'un travail de planification soit efficace, il est important d'y consacrer un temps raisonnable, autrement on risque de l'expédier trop rapidement. On ne s'alloue pas assez de temps pour la pensée et l'analyse, et rien de concret ne se fait. Mieux vaut se fixer un laps de temps précis pour la planification, ni trop court pour ne pas galvauder cette étape importante, ni trop long pour ne pas tomber dans le perfectionnisme. Quant à la durée exacte qu'il est souhaitable de lui consacrer, cela dépend de chacun. Il importe de se rappeler qu'on peut sans cesse retoucher et améliorer un plan. On peut donc baser son action sur un plan imparfait.

Planifier ne représente pas une prévision pure. On nage dans le doute et l'incertitude avec la prévision puisque l'avenir ne peut jamais être prédit exactement. Nous pouvons toutefois bâtir l'avenir, précisément parce qu'il ne peut être prévu, en utilisant toute notre imagination et notre capacité d'analyse et en décidant comment nous voulons tirer parti de nos forces. Un plan se trouve précisément être l'expression concrète de cette volonté. N'est-ce pas ce que Peter Durcker nous indique lorsqu'il dit: *The future will not just happen if one wishes hard enough. It requires decision-now. It imposes risk-now. It requires action-now. It demands allocation of resources, and above all, of human resources-now. It requires work-now"* (*Management*, page 122). Bâtir l'avenir implique donc selon Drucker: une décision, aujourd'hui; un risque, aujourd'hui; de l'action, aujourd'hui; l'utilisation de ressources, surtout de ressources humaines, aujourd'hui; et du travail, aujourd'hui. Planifier implique donc, autant pour l'individu que pour l'entreprise, qu'on se mette tout de suite au travail et qu'on prenne tout de suite des décisions susceptibles d'influencer l'avenir. On travaille bien sûr sur des probabilités puisqu'on est orienté vers l'avenir, mais on met ainsi les probabilités de son côté car l'on sait que, d'après l'expérience du passé, des forces mises à l'ouvrage dans un objectif précis produisent des résultats précis.

Enrègle et Thiétart, dans leur *Précis de direction et de gestion* (page 54), suggèrent de se poser quatre questions principales pour établir un plan à long terme ou une période stratégique: "Qu'est-il possible de faire? (...) Que pouvons-nous faire? (...) Que voulons-nous faire? (...) Que devrions-nous faire?" La première question: "Qu'est-il possible de faire?" nous oblige à dépister les éléments qui favorisent notre action dans notre environnement, donc de découvrir les besoins de différentes clientèles possibles. La deuxième question: "Que pouvons-nous faire?" réfère aux forces et aux faiblesses de l'organisation, donc à la connaissance de soi pour un individu, ce que nous avons vu au chapitre II. La troisième question: "Que voulons-nous faire?" implique les valeurs et les objectifs de chacun. Et la quatrième question:

"Que devrions-nous faire?" trouve sa réponse dans la synthèse des réponses aux trois premières questions pour élaborer un plan. On voit dès maintenant que le fait de s'imposer pareille démarche pour décider de l'orientation de son travail et de son avenir personnel exige de la discipline, mais cela en vaut la peine puisqu'il s'agit de bien administrer sa vie personnelle. La discipline porte donc en elle-même sa propre récompense, et le plan en constitue une étape importante. À chaque étape du plan, il est d'ailleurs important de se poser cette question: "Est-ce que c'est requis par mon objectif?" ou "Est-ce que ça peut être utile pour réaliser mon objectif?"

Comme un plan ne contient que les grandes lignes de ce qu'il y a à faire, il implique le choix de priorités. Or le choix de priorités implique le choix de postériorités comme le dit Peter Drucker. Et ce qui exige du courage, c'est précisément de mettre de côté des postériorités. Car souvent, au moment de l'établissement d'un plan, tout nous semble important et nous ne voulons rien mettre de côté. Il faut donc avoir alors le courage de dire non, à soi-même ou aux autres, et mettre de côté certaines choses au moment de l'élaboration du plan et au moment de son application. C'est d'ailleurs la difficulté majeure de la prise de décision: on veut plaire à tout le monde, on a peur de rencontrer des oppositions et des obstacles et on accepte alors n'importe quoi. Comme on peut le voir, les difficultés les plus grandes face à une discipline dans la planification reposent encore dans nos émotions et nos états d'esprit. Or, quand on choisit un objectif et qu'on établit un plan, il est important de bien voir que notre but n'est pas de plaire à tout le monde mais de réaliser quelque chose, et que les moyens à choisir ne sont pas nécessairement ceux qui plairont à tout le monde et qui nous rendront populaires, mais plutôt les moyens les plus susceptibles de favoriser la réalisation de nos objectifs. Il s'agit là encore de mieux maîtriser nos émotions pour diriger par les objectifs et indépendamment de nos émotions. Ainsi, le conditionnement psychologique doit être constamment utilisé si l'on veut diriger objectivement.

En ce sens, plus quelqu'un détient un poste élevé dans une organisation, plus il est susceptible de subir des pressions de toutes sortes, et plus il lui sera difficile de bien planifier s'il devient une girouette. La discipline est donc d'autant plus importante à ce niveau, pour fixer sa vision sur l'objectif à poursuivre et pour écouter tout le monde sans être l'esclave de personne, d'autant plus qu'une organisation a tendance à se modeler sur son chef. Le chef qui se fait un besoin d'être aimé par tout le monde s'expose à se faire manipuler par tout le monde. Son besoin de se faire aimer est en effet tellement élevé qu'il est prêt à payer le prix fort pour le combler, au détriment de ses objectifs personnels ou de ceux de son organisation.

Dans le fond, il faut vraiment savoir ce qu'on veut. Helen Keller, dont je parlais plus haut, savait vraiment ce qu'elle voulait, et elle le voulait très fort. C'est ainsi que, après avoir réussi son examen d'entrée à Rodcliffe, "les professeurs de Rodcliffe s'opposèrent formellement à son entrée à l'Université! (...) Dès que le bruit commença à courir que l'on ne voulait pas d'Helen à Rodcliffe, deux Universités, celle de Cornell et celle de Chicago, l'invitèrent à s'inscrire parmi leurs élèves. Helen remercia beaucoup et... refusa: — Si j'allais à Cornell ou à Chicago, expliqua-t-elle à Ann, on me faciliterait sans doute trop la tâche. C'est à Rodcliffe que je veux aller, c'est à Rodcliffe que j'irai". (*L'histoire d'Helen Keller*, par Lorena A. Hickok, pages 161-162). Et c'est à Rodcliffe qu'elle alla.

Quel peut maintenant être le contenu d'un plan? Peter Drucker prétend (voir *The Effective Executive*, page 55) que l'entreprise doit viser la performance dans trois secteurs: des résultats directs, l'établissement et la réaffirmation de valeurs et la formation du personnel adéquat pour faire face à l'avenir. Je crois que, si ces choses sont importantes pour une entreprise, elles le sont au moins tout autant pour les individus qui y vivent. La réalisation d'un individu ne se manifeste-t-elle pas en effet dans la réalisation de choses extérieures à lui-même, dans la détermination et la poursuite de ce qu'il veut vraiment et donc dans l'expression de ses valeurs personnelles? Et si les entreprises ont avantage à développer du personnel pour faire face à l'avenir, les individus n'ont-ils pas avantage à se développer eux-mêmes? D'ailleurs, aucune formation ne peut se faire si le personnel impliqué ne le veut pas, la formation du personnel constituant d'abord et avant tout de l'auto-développement, la prise en mains de soi-même par soi-même. Même si ces trois aspects peuvent être développés de façon parallèle dans un même plan, on peut mettre l'accent sur l'un ou l'autre de ces aspects selon le moment ou les circonstances.

Dans un plan de vie, et la vie au travail en constitue la majeure partie, il ne faut pas hésiter à voir loin. Les objectifs élevés sont moins redoutables lorsqu'ils sont vus de loin, lorsqu'on dispose d'un délai important, et ils permettent de mieux situer chaque étape dans une juste perspective. Ceux qui trouvent trop difficile de se choisir un objectif de vie et d'établir un plan en conséquence peuvent toujours se fixer un plan de cinq ans, ou un plan d'un an, l'important étant de se fixer un plan pour s'orienter et se discipliner, puis de l'accomplir de façon systématique. De toute façon, qu'est-ce qui nous empêche d'élaborer des plans à long terme puisque nous savons qu'un plan est continuellement à refaire et à réajuster et que la vie est un apprentissage continuel et une démarche perpétuelle. On peut très bien se fixer l'objectif de travailler dans plusieurs domaines pour le plaisir d'apprendre de nouvelles choses. Toutefois, le prix à payer pour des changements fréquents s'avère souvent assez élevé, un investissement dans un travail ne commençant à porter ses fruits qu'après que nous ayons vraiment creusé ce domaine, que nous l'ayons maîtrisé et que nous nous le soyons approprié. En effet, chaque nouveau domaine suppose de nouvelles relations à établir et de nouvelles données à apprendre.

Peut-être le prix à payer en vaut-il la peine pour conserver notre liberté. Certaines personnes n'osent jamais quitter leur travail ou même en chercher un nouveau de peur que le patron l'apprenne et qu'il se venge, ou que cela affecte leur carrière. En n'osant et en ne risquant jamais rien, elles ne s'aperçoivent toutefois pas qu'elles s'enchaînent de plus en plus et qu'elles deviennent de véritables esclaves. Un plan implique donc des décisions, aujourd'hui, et des sacrifices, aujourd'hui, pour un mieux-être demain. Il arrive malheureusement trop souvent de nos jours qu'on utilise la manipulation des autres plutôt que la discipline personnelle pour se bâtir un avenir.

En ce sens, je crois que nous avons avantage à concevoir nos plans personnels comme des budgets, puisque les budgets d'entreprises constituent des plans. L'avantage de voir nos plans sous cet angle consiste en ce qu'on y exprime le prix à payer pour tout ce qu'on compte obtenir. Comme chaque chose a un prix, il y a des déboursés à prévoir pour tout revenu, et nous pouvons ainsi voir, au cours de l'analyse des possibilités, les coûts et les bénéfices liés à chaque étape. Nous mettons ainsi l'accent sur les efforts personnels à fournir pour obtenir les résultats désirés. Nous travaillons à abaisser notre niveau d'exigences en voyant plus clairement ce que notre objectif requiert de discipline personnelle.

C'est une façon d'assumer pleinement sa vie, de se prendre en mains et de se sentir responsable de soi-même. En ce qui concerne les entreprises, Peter Drucker affirme (*The Practice of Management*, page 304) qu'il y a quatre façons de former des travailleurs responsables: accorder une importance primordiale à la réparation des tâches pour que chacun soit utilisé suivant ses forces; établir des normes élevées de performance; bien informer le travailleur pour qu'il accède à l'auto-contrôle; donner à chacun des occasions de participer pour qu'il acquière une vision "managériale" de son travail. Nous pouvons transposer ces conditions requises pour former des travailleurs responsables dans les entreprises à la responsabilité que chacun assume personnellement dans sa propre vie, au travail comme ailleurs. Si, personnellement, j'accorde une importance primordiale aux tâches que j'accomplis, je rechercherai d'abord ce que j'aime le plus, ce que je suis le plus intéressé à apprendre, et je me fixerai comme but de rechercher un emploi qui réponde mieux à mes désirs, en n'hésitant pas à postuler un grand nombre d'emplois semblables pour augmenter mes chances. Si je choisis des normes de performance élevées, je ne croupirai pas dans l'oisiveté, les sentiments de dévalorisation, la passivité et la dépression, en prenant soin toutefois de ne pas transformer ces normes en exigences. Bien m'informer pour un meilleur auto-contrôle peut signifier: m'intéresser à ce qui se passe dans mon milieu de travail, suivre des cours pour développer ma compétence, mais aussi apprendre l'essentiel requis pour bien me conditionner physiquement et psychologiquement. Me donner à moi-même des occasions de participer signifie que j'ai intérêt à m'impliquer totalement dans mon travail, car c'est ainsi que je peux participer le mieux à la réalisation des objectifs de mon entreprise et de mes objectifs personnels, ce qui correspond précisément à une vision "managériale". Si par hasard mes objectifs personnels ne correspondent pas aux objectifs de mon entreprise, il est temps que je me cherche un autre travail.

Finalement, pour un plan équilibré, je crois qu'il est important d'équilibrer les objectifs de sa vie de travail et les objectifs de sa vie personnelle. Il arrive souvent que certains ne se fixent des objectifs et un plan que pour leur vie au travail en oubliant totalement leur vie familiale ou personnelle, avec le résultat qu'ils réussissent très bien leur vie professionnelle et qu'ils échouent lamentablement dans leur vie personnelle.

D'ailleurs, l'inverse est également vrai pour ceux qui n'investissent que dans leur vie personnelle en négligeant totalement leur vie de travail. On ne retire des profits que là où l'on investit et où l'on se discipline.

## Chapitre V

# L'organisation personnelle

Le docteur Norman Bethune, né en 1890 et mort en 1939, médecin canadien de renommée mondiale, décida à l'âge de huit ans qu'il deviendrait chirurgien comme son grand-père. Il avait déjà décidé de sa spécialisation, spécialisation qui se préciserait plus tard. Il s'intégra par ailleurs à différents milieux avec une percée dans les milieux de guerre. Il fit la Première Guerre mondiale, en France, comme brancardier, la guerre d'Espagne comme médecin, en 1936-37, et il mourut en pratiquant la chirugie, durant la guerre de Chine, pays où il est aujourd'hui reconnu comme un héros national.

Spécialisation et intégration donc, deux éléments clés pour l'organisation personnelle comme pour l'organisation de l'entreprise. On se spécialise en quelque chose et on s'intègre à un milieu. Ces deux éléments, utilisés en administration pour bâtir des structures et des organigrammes d'entreprises, peuvent nous aider et nous guider dans l'organisation de notre vie personnelle puisqu'il s'agit essentiellement de l'organisation de nos ressources personnelles et de l'organisation de notre temps. Notre vie étant constituée d'un temps très limité sur cette terre, il s'agit de bien l'utiliser pour réaliser au mieux notre objectif de travail, tout en entretenant de façon optimale la santé requise pour accomplir ce travail. Encore là, il s'agit de discipline personnelle, c'est-à-dire d'une orientation volontaire pour la bonne administration de notre vie.

Connaissant vos ressources personnelles, connaissant surtout vos intérêts, il vous est en effet possible de vous fixer un objectif. Certaines personnes pensent qu'il faut être quasiment parfait pour se fixer un objectif et prendre des risques pour le réaliser. La vie de ceux qui se sont fixé de grands objectifs personnels nous démontre que ces objectifs ne regardent en rien la perfection personnelle. Ils concernent des intérêts extérieurs poursuivis sans relâche qui suscitent en même temps une amélioration personnelle.

Ainsi, Norman Bethune se fixa l'objectif de devenir chirurgien alors qu'il n'avait que huit ans. Cet intérêt s'était développé en lui et il devint chirurgien, mais son intérêt se précisa après qu'il eût échappé à la mort due à la tuberculose grâce à une opération risquée à laquelle il se soumit. Pendant qu'il était au sanatorium, attendant la mort avec d'autres compagnons également atteints de cette maladie, il eut tout le temps de rechercher le fil conducteur de sa vie, un objectif:

"Détroit, U.S.A., 1926.

Il avait trente-six ans, et les médecins l'avaient condamné. (...) Il viendrait un jour où il écrirait: "Il n'est pas donné à beaucoup d'hommes d'affronter la mort, d'apprendre devant elle le fond de sa vie, puis de vivre". Il savait seulement qu'il allait mourir et qu'il avait gâché sa vie. Il commença par se dire qu'il s'en fichait absolument puis se demanda comment cela était arrivé. Pendant ces longues nuits de Détroit, hantées par les bruits et les lumières de la rue sous sa fenêtre, il explorait, ballotté entre ses rêves tourmentés et d'amers réveils, le désordre trouble qu'avait été sa vie, luttant à la fois contre les regrets et l'apitoiement, cherchant sans relâche les raisons de son échec, n'ayant rien d'autre à léguer que cette recherche fébrile. Il se rappelait un flot de visages et de villes, des blessures, des futilités. Il se souvenait de la maison, de la guerre, de sa vie de bohême, de ses débauches, de ses joies et de son travail. Il y avait eu le frisson de la chair comme de l'argile dans ses mains, l'amour qui rancit, les désirs exacerbés, la frénésie, le désespoir. Où, dans ce désert qu'on appelle la vie, avait-il perdu son chemin, et pourquoi?" (*Docteur Bethune*, par Sydney Gordon et Ted Allan, page 7).

Ayant lui-même triomphé de la tuberculose, il décida de lutter contre la tuberculose en se perfectionnant auprès du docteur Archibald, alors un des plus grands spécialistes de la chirurgie pulmonaire. Il poursuivait sans relâche la recherche d'une plus grande compétence pour être plus utile: "Dès les premiers cas difficiles que lui confia le docteur Archibald, il se mit à explorer des voies nouvelles. Son imagination bouillonnait de nouvelles techniques, de nouvelles méthodes, de nouveaux instruments dont le costotome n'est qu'un exemple. À peine avait-il maîtrisé une nouvelle technique qu'il en cherchait une qui le satisfasse davantage. Archibald s'émerveillait de l'intransigeance avec laquelle son élève bousculait la technologie moderne pour l'adapter aux besoins de la chirurgie" (*ibidem*, page 49).

Avec le temps, devenu plus compétent que le docteur Archibald lui-même dans le domaine de la chirurgie pulmonaire, il devint chef de la chirurgie pulmonaire à l'Hôpital Sacré-Coeur de Cartierville: "C'étaient enfin les années de la maturité, du travail, du succès et de la notoriété. Son destin lui appartenait. Il pouvait choisir ses objectifs, tracer sa propre route. Il n'avait pas changé de caractère, mais les occasions de conflits avec des supérieurs avaient disparu. Il avait pleine et entière liberté d'agir comme bon lui semblait et de défendre sa conduite devant des égaux et non pas des supérieurs" (*ibidem*, page 60).

Tout en exerçant à fond sa spécialité, Norman Bethune ne cessait de s'intéresser au problème des inégalités sociales, et le fait que la tuberculose développe surtout son emprise dans les milieux pauvres accentuait davantage cet intérêt. Or Bethune avait un caractère très difficile et irascible qui se révélait surtout devant l'incompétence de certains de ses collègues ou devant les inégalités sociales, mais il était d'une bonté et d'un respect extraordinaires pour ses malades. Il était véritablement intégré à son milieu, grâce à l'objectif supérieur qu'il poursuivait, le bien-être de ses malades. C'est en effet l'objectif que nous poursuivons qui constitue le principe intégrateur de tous nos comportements dans n'importe quelle entreprise humaine. L'objectif poursuivi devient l'élément moteur de notre intégration dans un milieu. Il s'agit de déterminer, pour soi-même et pour les autres, à quel endroit on peut être le plus utile aux autres, avec la meilleure spécialisation possible et autant de coordination que nécessaire. Il s'agit donc d'utiliser ses propres capacités avec un maximum d'autonomie tout en collaborant sans cesse avec les autres pour réaliser une oeuvre utile. Jusqu'à quel degré pousser l'intégration au milieu et la coordination, et jusqu'à quel point pousser la spécialisation et l'autonomie, seul l'intérêt supérieur de l'objectif poursuivi peut le déterminer: l'objectif poursuivi est le critère moral de notre organisation personnelle.

Intérêt donc pour sa spécialité, et intérêt pour son milieu. Ainsi, Norman Bethune fusionna ses deux intérêts supérieurs, celui pour la médecine et celui qu'il portait aux peuples travaillant à leur libération, et il se retrouva en Espagne pour travailler comme médecin auprès des républicains. Son désir de sauver le plus de vies humaines possible l'amena à organiser les premières transfusions de sang sur les champs de bataille. Il avait recherché un besoin de sa clientèle, une chose pour laquelle il pouvait être utile, et il l'avait trouvée dans les nombreuses vies humaines perdues par des soldats qui étaient au bout de leur sang: "Quand il crut savoir ce qui manquait aux services médicaux de l'armée, il retourna voir le docteur Kisch avec un projet qu'il avait conçu. Dans toutes les guerres modernes, fit-il remarquer, mêmes les armées les mieux organisées souffrent d'une grave lacune. On n'avait jamais rien trouvé pour les blessés qui mouraient au bout de leur sang sur le champ de bataille ou au cours du trajet entre le front et les avant-postes sanitaires, et, de toute façon, la perte de sang les avait tellement affaiblis qu'ils étaient incapables de supporter une intervention chirurgicale. À Barcelone, le docteur Duran Jorda avait accompli une tâche considérable en créant une banque de sang, mais il restait à résoudre le problème principal. Il fallait disposer de sang et procéder à des transfusions au front même, ou le plus près possible. Bethune était convaincu que la chose pouvait se faire et diminuerait considérablement le nombre de décès chez les blessés. Il proposa donc la mise sur pied d'une clinique de transfusion mobile, qui recueillerait le sang des volontaires en ville, le conserverait pour les avant-postes et les hôpitaux divisionnaires, permettant ainsi des transfusions au front pendant les combats. Kish observa longuement Bethune, songeur: "Si vous réussissez, dit-il enfin, avec infiniment de respect dans la voix, vous marquerez l'histoire de la médecine d'une pierre blanche" (*ibidem*, page 119).

Quand il eut obtenu l'autorisation requise, Bethune se mit au travail et lut tout ce qu'il put trouver à propos du sang humain et des transfusions sanguines, puis il passa à l'action en organisant des cliniques mobiles de transfusion sanguine qui travaillaient au front même. Il sauva ainsi 75% des soldats qui étaient autrefois condamnés à mourir sur les champs de bataille. Bethune ne perdait jamais de vue son objectif: il planifiait, organisait et agissait en ayant sans cesse en vue l'objectif qu'il poursuivait.

Sa détermination quant à la poursuite de ses objectifs fut encore renforcée quand il vit la souffrance d'un défilé interminable de réfugiés sur la route de Malaga, réfugiés qui subissaient la mitraille des avions fascistes, puis il vécut le bombardement d'Almeria: "À la mémoire d'Almeria, il fit le voeu de devenir un homme nouveau, d'étouffer chez lui toute faiblesse et toute suffisance, de vivre comme un soldat. Il serait un homme d'acier, car désormais seuls des hommes d'acier pourraient défendre un monde qui demandait encore à naître" (*ibidem*, page 149).

C'est pourquoi, revenu au Canada en juin 1937, il partira pour la Chine en janvier 1938 en vue de s'intégrer à un nouveau milieu, nouveau milieu qui est cependant pour lui la continuité du milieu de guerre qu'il a connu en Espagne, comme il l'écrira dans une lettre à son ex-épouse: "Quand je t'ai vue à Montréal avant mon départ pour Vancouver, j'ai tenté de t'expliquer pourquoi j'allais en Chine. Je ne sais pas si j'ai réusssi... Que j'aie été en Espagne ne me donne pas le droit, plus qu'à quincoque, de rester calmement à l'écart. L'Espagne est une cicatrice sur mon coeur. Tu comprends? Une cicatrice qui ne guérira jamais. La douleur ne me quittera jamais, me rappelant les choses que j'ai vues. Je refuse de vivre dans un monde qui engendre la corruption et le meurtre, sans lever le petit doigt. Je refuse d'approuver, par inaction ou insouciance, les guerres que des hommes avides font contre d'autres... L'Espagne et la Chine sont des batailles d'une même guerre. Je vais en Chine parce que c'est là que le besoin est le plus grand et que je suis le plus utile..." (*ibidem*, page 162).

En Chine, il s'intégra tellement bien à son nouveau milieu qu'il forma des médecins, des infirmiers et des infirmières, organisa des hôpitaux et des cliniques mobiles, écrivit un manuel de médecine conçu spécialement pour son milieu, en plus d'opérer lui-même constamment, se donnant sans compter à son objectif. Suite à une entrevue avec le général Nieh, il écrivait ainsi son bonheur de se donner: "Je suis fatigué, mais je ne crois pas avoir été aussi heureux depuis longtemps. Je suis content. Je fais ce que je veux. Et regardez ma richesse! J'ai un travail important qui occupe chaque minute de mon temps. On a besoin de moi et, plus encore, on me le dit, ce qui comble ma vanité bourgeoise". (*ibidem*, page 208).

Il était exceptionnellement acharné. Ainsi, au cours d'une bataille, il "avait travaillé pendant 69 heures sans interruption et opéré 115 blessés" (*ibidem*, page 278).

Après sa mort, Bethune recevra cet hommage de Mao Tsê -tung: "Le dévouement du docteur Bethune pour le peuple doit être une leçon pour tous. La façon dont nous commémorons sa mort montre à quel point sa personnalité nous a profondément marqués. Son abnégation doit être un exemple pour nous. Elle doit servir de repère à notre désir de nous rendre utiles au peuple. La compétence de chaque individu peut être petite ou grande, mais chacun peut devenir un homme important, un homme intègre, un homme vertueux qui oublie son propre intérêt devant celui du peuple" (*ibidem*, page 310).

Bethune se fixait des objectifs concernant la spécialité et le milieu qu'il avait choisis: intérêt pour ses objectifs, intérêt pour un domaine bien précis de spécialisation et intérêt pour un milieu, une clientèle aux besoins de laquelle il se soumet. Bethune avait compris que, pour réaliser quelque chose on doit se discipliner, choisir un domaine qu'on préfère et qu'on creuse à fond et accepter de s'intégrer à un milieu donné dans lequel se trouve sa clientèle. Il est évident que chacun ne peut donner la mesure donnée par Bethune, mais chacun peut donner quelque chose à la société, se fixer des objectifs, se choisir un domaine particulier de spécialisation et s'intégrer à un milieu en tenant compte des besoins de ce milieu pour y servir sa clientèle, puisque tout se fait au sein d'un processus d'échange. Bethune, lui, donnait sa compétence technique et son temps: il recevait en échange considération, appréciation et satisfaction du devoir accompli.

Bethune appliquait le principe de la responsabilité dont nous avons déjà parlé, et ce principe s'applique en décentralisant, donc dans un maximum d'autonomie, en même temps qu'en coopérant avec les autres, donc dans la coordination de nos activités par rapport à l'objectif poursuivi. L'autonomie suppose la maîtrise d'un champ d'action limité et spécialisé, alors que l'intégration suppose une vision d'ensemble de notre situation de sorte que nous serons prêts à faire des sacrifices pour que l'objectif se réalise. Ces sacrifices supposent que la spécialisation prend fin, même si elle doit être poussée à son maximum si l'on veut réussir quelque chose, lorsque les besoins de coordination l'exigent. Cela suppose de la discipline, et c'est même un élément de la discipline et du courage pour continuer à marcher vers son objectif malgré toutes les difficultés.

Si, comme l'organisation d'entreprises, l'organisation personnelle se fait en tenant compte des deux principes de la spécialisation et de l'intégration, elle se fait également en fonction du temps, car le temps est justement cette matière incolore, inodore et sans saveur dont est composée notre vie et à laquelle notre organisation personnelle pourra donner de la couleur, du parfum et de la saveur. Or notre temps lui-même peut être décomposé en temps affecté au travail proprement dit, et en temps affecté à notre santé. Comme il y a interaction de ces deux facteurs, le travail ayant une influence sur la santé et la santé ayant une influence sur le travail, nous avons avantage à voir le tout dans une perspective globale et à rechercher un certain équilibre.

Plusieurs études ont relevé qu'il peut être aussi stressant d'être inoccupé que d'être trop occupé. La personne inoccupée et oisive, ne poursuivant aucun objectif, est comme un bateau sans gouvernail. Or un bateau n'a pas son propre objectif; il trouve son objectif en dehors de lui-même, dans sa destination. De même un individu trouve son objectif à l'extérieur de lui-même, en étant utile aux autres, ce qui se concrétise, comme je l'ai dit plus haut, dans la spécialisation et dans l'intégration à un milieu de travail.

Mais en même temps que le travail, et même au cours des activités de travail, on peut développer et maintenir sa santé en travaillant à son bon conditionnement physique et psychologique. L'organisation implique une division du travail; l'organisation personnelle implique une division de son temps: qui fait quoi, et quand cela sera-t-il fait? Est-ce souhaitable que je fasse telle chose moi-même ou est-il préférable que je demande à quelqu'un d'autre de m'aider? Est-ce que je puis déléguer certains travaux? Il est souvent intéressant de dresser un registre de l'emploi de son temps, comme on le conseille dans les cours de gestion de temps, pour voir combien on gaspille souvent un temps précieux à fournir des efforts inutiles. Aussi bien se pencher sur la question avant d'agir et faire un effort de planification et d'organisation pour économiser par la suite beaucoup d'efforts d'exécution.

Dans l'emploi de notre temps, le principe de la concentration est source d'efficacité, comme la spécialisation dans le travail est source de compétence. C'est encore Peter Drucker qui conseille de consacrer quelques parts importantes de son temps, soit environ une heure et demie chaque fois, aux choses vraiment importantes. On ne peut pas vraiment faire le tour du sujet en moins de temps: il y a donc risque de galvaudage. Par ailleurs, après une telle durée on risque d'être moins attentif et intéressé, et encore là c'est le sujet traité qui en souffre. La concentration exige beaucoup d'intensité dans le travail en ne se consacrant qu'à une seule chose à la fois, mais elle requiert aussi des pauses pour conjurer la fatigue et les distractions. Or les choses les plus importantes étant réglées, disons une ou deux au cours d'une journée, les autres éléments moins importants interviennent comme éléments de diversité et brisent la routine pour rendre le travail plus agréable et maintenir l'efficacité.

La discipline personnelle exige donc une bonne organisation de son temps, mais cela ne veut pas dire de la rigidité quant aux détails. Ce serait alors tomber dans le perfectionnisme, et le perfectionnisme engendre finalement la passivité. Si l'on veut organiser son temps parfaitement et si l'on ne se permet pas de souffler quelques minutes, on se crée des exigences tellement élevées qu'on se sent bientôt incapable de les rencontrer, et on tombe alors dans la passivité. Ainsi, si je me fixe une tâche très difficile, je peux être porté à me dire: "Oh, c'est tellement difficile que je n'y arriverai jamais!" Donc aussi bien ne rien faire puisque de toute façon je suis condamné à l'échec. Comme je n'agis pas pour que les choses se réalisent, je provoque alors l'échec que je redoute, puis je me condamne, d'où la culpabilité. Et je me dis que ma valeur en a pris pour son rhume, d'où la dépression. On voit ici combien peuvent être utiles les techniques de conditionnement psychologique, et plus particulièrement la confrontation.

Nous imposer des échéances précises peut améliorer grandement notre efficacité, précisément pour éviter le perfectionnisme et pour nous assurer que nous ferons ce qu'il faut en vue de réaliser notre objectif, car mieux vaut agir imparfaitement que de ne rien faire du tout en voulant être parfait. Encore là, il ne s'agit pas de nous fixer des échéances impossibles à rencontrer et relevant du perfectionnisme, mais des échéances qui supposent un travail raisonnable dans un temps raisonnable. Puis nous nous imposons ensuite de faire le travail, sans nous interrompre tant qu'il n'est pas terminé.

Une bonne organisation de notre temps suppose également que nous sachions dire non à tout ce qui vient déranger nos plans ou retarder la réalisation de nos objectifs. Si nous voulons vraiment atteindre nos objectifs, nous devons comprendre qu'il est impossible de plaire à tout le monde. Chacun de nous poursuit ses objectifs personnels, et il peut arriver que ceux des autres soient tout à fait contraires aux nôtres. Cela exige donc de la fermeté quant à nos objectifs, donc du caractère et de la discipline. Cela peut se faire sans agressivité, en refusant tout simplement que nos critères de succès soient établis par d'autres, ce qui ne les empêche pas de conserver ces critères pour eux-mêmes et pour leurs objectifs.

En résumé, on peut donc dire que l'organisation personnelle, une composante de la discipline personnelle, concourt aussi à la bonne administration de notre vie. Elle suppose qu'on se choisisse un domaine de spécialisation et qu'on s'intègre en même temps dans un milieu pour réaliser cet objectif et servir une clientèle. Elle suppose également qu'on apprenne à gérer son temps, en prenant ses objectifs personnels comme critères. On aura alors avantage à se conditionner psychologiquement pour lutter contre le perfectionnisme et les émotions désagréables pouvant mettre un frein à la poursuite de nos objectifs.

## Chapitre VI

# La réalisation d'objectifs dans l'action

Une participante à une session de formation, "Maîtrise de soi et efficacité au travail" de Formation 2000, me racontait qu'elle a toujours été poussée à l'action par cette comparaison que lui répétait souvent son père: "Mets tout l'espoir que tu peux trouver dans une main et crache dans l'autre. Regarde laquelle des deux se remplira le plus vite". Cette comparaison se retrouve d'ailleurs probablement quelque part dans la littérature, puisque "se cracher dans les mains" est devenu synonyme d'action. Voulez-vous que vos mains se remplissent? À vous de les remplir. Voulez-vous que votre vie soit remplie? À vous de la remplir. Et comme vous ne pouvez rien obtenir sans échange, vous ne pourrez remplir votre vie qu'en la consacrant à un objectif et en agissant pour réaliser cet objectif.

Ben Weider, multimillionnaire québécois, préconise la discipline personnelle dans un travail constant et appliqué.

“Ce que m’a appris mon père, dit-il visiblement ému, est si fondamental et si irremplaçable — et m’a si profondément marqué — que j’ai le vertige à la pensée que tout aurait pu se passer différemment. Ce qu’il m’a appris, essentiellement, c’est l’importance du travail bien fait et régulier, la simplicité, la loyauté, la tolérance, l’honnêteté dans les affaires, et cette dureté face à soi-même qui amène finalement un homme à faire des choix irréversibles, qui constituent des défis, qui engagent le meilleur de lui-même et qui prouvent ultimement sa maturité” (article de Conrad Bernier dans le journal *La Presse* du 22 avril 1982). Et le journaliste continue ainsi: “Pour Ben Weider, vivre, c’est d’abord choisir, sans arrière-pensée de facilité et de retour en arrière, et, à son avis, cela débouche généralement sur des résultats surprenants, parfois même inouïs! Ce *self-made-man* plusieurs fois millionnaire travaille plus fort aujourd’hui qu’il y a trente ans — il travaille entre douze et quatorze heures par jour —, se souvient de ces centaines de milliers d’heures de travail et, empruntant au poète Baudelaire, conclut: “Plus on veut, mieux on veut. Plus on travaille, mieux on travaille et plus on veut travailler. Plus on produit, plus on devient fécond. Un peu de travail, répété trois cent soixante-cinq fois donne trois cent soixante-cinq fois un peu d’argent, c’est-à-dire une somme énorme.” Fabricant de poids et haltères, et historien de Napoléon, Ben Weider a fait de la discipline personnelle une règle de vie, ce qui inspire même le mouvement de culture physique qu’il a développé jusqu’à créer la Fédération internationale des culturistes car, comme il le dit lui-même, “la culture physique est incompatible avec la mauvaise santé, l’usage du tabac, des drogues, de l’alcool, avec les comportements délinquants”.

Le travail et l’action sont indispensables au succès. Or, combien de gens rêvent que le succès leur viendra un jour et qu’il suffit de l’attendre en se croisant béatement les bras et en espérant que le hasard frappe au bon endroit. Dans un article intitulé: “La course technologique: le futur sera-t-il américain?", de la revue *L'Actualité* du mois d'août 1982 (page 20), Louis Wiznitzer rapporte ainsi les paroles d'un éminent Américain: "Nous étions autrefois à la fois pragmatiques et aventureux. Aujourd'hui, nous sommes devenus paresseux, hédonistes, nous ne voulons plus prendre de risques, nous visons la sécurité — c'est vrai aussi pour le gouvernement et les chefs d'entreprises, dit Ernest Boyer, président de Carnegie Foundation for the Advancement of Science, ex-ministre de l'Éducation. Seul un sursaut national, un grand redressement comme celui qui eut lieu après que les Soviétiques eurent mis en orbite le Sputnik, peut nous sauver d'un lent mais sûr déclin scientifico-technologique."

Vous avez l'habitude de la paresse et vous voulez maintenant réaliser quelque chose? Rien de plus simple: changez vos habitudes! Prenez l'habitude de l'action, car l'efficacité est une habitude: c'est l'habitude de nous forcer à faire les choses adéquates pour atteindre nos objectifs. Simple mais pas facile. Cela fait partie de la discipline personnelle: il faut nous imposer de faire les choses requises pour atteindre nos objectifs personnels.

Une fois que vous avez choisi votre objectif, élaboré un plan pour le réaliser et décidé d'organiser vos ressources personnelles en choisissant une spécialité et un milieu dans lequel exercer votre spécialité, une fois que vous vous êtes forcé à faire tout cela, l'essentiel reste à faire: travailler à réaliser votre plan dans une action quotidienne. C'est ce qui est le plus difficile, car l'action quotidienne est composée de quantité de petites activités qui semblent toutes insignifiantes quand on les regarde une à une, mais qui sont d'une importance primordiale et qui s'additionnent les unes aux autres pour réaliser une grande oeuvre.

C'est pourquoi vous ne pouvez demeurer au niveau des généralités quand vous abordez la réalisation de votre plan, dans l'action. Vous devez alors vous imposer la tâche de décomposer chaque grande étape de votre plan en une certaine quantité d'étapes de moindre importance jusqu'aux moindres détails. Vos objectifs généraux sont ainsi décomposés en objectifs intermédiaires, puis en mini-objectifs que vous vous obligez à respecter en précisant une date ou même une heure pour leur réalisation.

Ainsi, un écrivain ne peut ambitionner d'écrire un livre d'une seule traite, même s'il arrive exceptionnellement que certains écrivains particulièrement prolifiques le fassent. Écrire un livre peut vous sembler une tâche énorme avant de l'entreprendre. La première démarche à effectuer, avant de commencer à écrire, est de définir ce dont vous voulez parler, donc vous fixer un objectif. L'objectif lui-même, écrire un livre sur tel sujet bien précis, devient moins énorme et paraît moins difficile à atteindre quand il est divisé en chapitres suivant un plan cohérent composé des différents aspects à traiter pour bien couvrir le sujet. Ce sujet sera traité selon la vision personnelle de l'auteur, selon sa spécialité, et il sera destiné à une certaine clientèle, donc intégré à un certain milieu. Une fois qu'un écrivain s'est astreint à faire tout cela, ce qui constitue déjà un exercice de discipline personnelle, il lui reste encore à écrire son livre, ce qui a le plus d'importance, sinon il n'a rien accompli.

Or ce qui a le plus d'importance est aussi ce qui semble le plus insignifiant: prendre sa plume et écrire quelques pages par jour, mais ce sont ces quelques pages écrites chaque jour, pages qu'on se force littéralement à écrire, qui s'additionnent finalement pour former le livre désiré. Cependant, pour arriver à écrire ces quelques pages chaque jour sans se décourager, il est souvent utile de ne penser qu'à un seul chapitre, celui auquel on travaille, d'y concentrer toute son attention, d'en détailler le plan, d'effectuer les recherches requises puis de mettre ses idées sur le papier, un certain nombre de pages à la fois. Avez-vous pensé qu'en travaillant de la sorte vous pouvez écrire un livre de 365 pages en écrivant une seule page par jour pendant un an? Une page par jour, ce n'est rien! C'est un mini-objectif, mais en le respectant systématiquement, donc avec discipline, vous arriverez à écrire un livre complet.

Beaucoup de gens ne s'astreignent pas à travailler: ils se laissent imposer par d'autres tous les travaux qu'ils accomplissent car ils se disent que le travail n'est pas plaisant. Il est vrai que ce n'est pas facile de commencer à travailler, mais si l'on s'acharne à se fixer un objectif et à vouloir réaliser cet objectif, à désirer un résultat précis en sachant que personne ne nous doit quoi que ce soit dans la vie et que nous devons gagner ce que nous désirons par notre travail, l'on se forcera à travailler. Puis, peu à peu, en additionnant geste après geste, jour après jour, les résultats commenceront à paraître, quelques pages du livre de votre vie seront écrites, et cela vous encouragera à continuer votre travail et à terminer votre livre. Tibor Scitovsky raconte ainsi que le travail peut devenir plaisant:

"Le fait expérimental probablement le plus frappant qui prouve que le travail peut être plaisant fut observé dans une expérience canadienne célèbre. On déclara soudain aux six cents élèves d'une école primaire de Montréal que désormais ils n'assisteraient aux cours que s'ils le désiraient, et que dans ces conditions, s'ils désobéissaient, ils seraient envoyés sur le terrain de jeux pour s'amuser en guise de punition. Les enfants se ruèrent vers la sortie de l'école, mais deux jours plus tard, ils étaient tous de retour en classe, un peu moins régulièrement qu'auparavant, certes, mais leur travail n'en souffrit pas, bien au contraire" ("*L'économie sans joie*, page 99).

Bien écrire une page à la fois, dans le livre de votre vie, suppose que vous vous imposiez une discipline, donc que vous vous forciez à accomplir à chaque jour un certain nombre de petits gestes. Mais cela exigera du courage lorsque vous affronterez des difficultés et qu'il vous faudra quand même continuer. Hans Selye raconte que, vers l'âge de huit ans, il était tombé de cheval et que son père, médecin, après lui avoir mis un plâtre, l'avait ramené près du cheval et lui avait ordonné de le monter:

"Fâché contre le cheval, tremblant de peur et la main endolorie, je n'avais aucune envie d'obéir. "Si tu ne montes pas cette bête tout de suite, tu auras toujours peur des chevaux" me dit mon père, et il ajouta: "quand on souffre d'une défaite, on ne se laisse pas abattre" (*Le stress de ma vie*, page 23). Et Selye conclut que cette leçon lui servit toute sa vie. Donc, quand une difficulté surgit, continuez à agir: écrivez votre page du jour, car c'est la vraie façon d'écrire le livre que vous avez choisi d'écrire.

Selye raconte qu'il fut atteint d'un cancer au cours de la cinquantaine. Les médecins ne lui donnaient plus qu'un an à vivre, mais il ne se laissa pas abattre. Il continua à travailler, à espérer et à lutter, car la vie est une lutte continuelle: "Rappelez-vous qu'il faut toujours lutter et espérer, ne pas se laisser abattre. Même dans le cas d'un cancer, espérez! Espérez qu'on trouvera un remède, espérez que vous serez l'exception. NE VOUS LAISSEZ PAS ABATTRE." (*ibidem*, page 76).

Plusieurs personnes ont peur du travail, du stress qu'il occasionne, et peur de ne pas réussir. Or, en ce qui concerne le stress, Selye conseille de retenir trois points:

"premièrement, nous devons bien comprendre ce qu'est le stress, car il serait faux de croire qu'il faut éviter le stress, parce qu'il est inévitable et parce que cela voudrait dire éviter la vie. Si vous ne faites plus aucune demande à aucun de vos organes, c'est que vous êtes mort. Durant la vie, un corps fait des demandes constantes. Il commande la respiration, son coeur bat, il doit remuer, faire quelque chose. Il est donc impossible d'éviter le stress. Cependant, avec tout ce que l'on sait du conditionnement, on peut mieux jouir du stress qui est le sel de la vie, le stimulus de la satisfaction" (*ibidem*, page 62).

“La deuxième chose essentielle à bien retenir est que chacun de nous doit être d’abord son propre médecin, parce que personne ne peut mieux connaître tous les facteurs qui conditionnent un individu que lui-même. (...) Il est donc essentiel que chacun de nous prenne le soin d’établir son niveau naturel de stress. Au-dessous de ce niveau, la situation n’est pas recommandable, car on risque des ennuis; étant empêché de s’exprimer, on se sent frustré. Au-dessus de ce niveau, la situation n’est pas meilleure parce que la personne souffre de surmenage” (*ibidem*, page 63).

“Pour en revenir à la règle d’or, voici la troisième: établissez très honnêtement — vous verrez que ce n’est pas toujours chose facile — ce que vous considérez comme un noble but dans la vie, ce que vous voulez vraiment faire. (...) Après cela, il vous faudra lutter, mais lutter pour quelque chose que vous estimerez dans les limites de vos capacités de stress et dans la direction que VOUS estimerez être la meilleure” (*ibidem*, page 65).

Puisqu’il est de toute façon impossible d’éviter le stress, aussi bien agir pour atteindre nos objectifs. On aura donc avantage, comme le dit Selye, à se fixer des objectifs, ou plutôt un seul objectif, en acceptant que le stress soit inévitable puisqu’il constitue une demande inhérente à la vie. Quant à être son propre médecin et à définir son propre niveau de stress, cela peut être facilité par la technique de la confrontation de l’approche émotivo-rationnelle. Cette technique, dont je parlais au chapitre III, nous amène en effet à accepter les choses que nous ne pouvons pas changer, donc à nous accepter nous-mêmes comme êtres humains, imparfaits comme tous les humains, et à agir, même de façon imparfaite, plutôt que de toujours vouloir agir de façon parfaite et de poursuivre la réalisation de merveilles, ce qui risque de nous conduire à ne rien réaliser du tout.

L’acceptation des réalités de la vie fait que nous pouvons diminuer nos exigences à l’égard de nous-même, des autres et de la vie en général en sachant que chaque chose a un prix, qu'un haut degré d'autonomie se paye comme un haut degré d'intégration dans un milieu se paye, comme le dit encore Selye: "Certaines personnes sont prêtes à prendre le risque d'être indépendantes. Elles n'hésitent pas à être leur propre patron. D'autres préfèrent aliéner leurs droits pour bénéficier de la protection d'un groupe (famille, syndicat, parti politique, nation) et d'une certaine sécurité. Toutefois, plus vous êtes indépendant, plus vous devez posséder une force autorégulatrice et être capable d'autodiscipline. Et qu'on ne me dise pas que c'est à la portée de tous les êtres humains! La formule s'applique pour certains alors que pour d'autres elle est simplement désastreuse" (*ibidem*, page 121).

Le prix à payer lorsque l'on désire vraiment quelque chose, c'est une grande somme d'efforts et beaucoup de travail, une action qui se bâtit geste après geste, quotidiennement, jour après jour, heure après heure, et minute après minute, dans l'accomplissement de mini-objectifs. Hans Selye a ainsi réalisé une oeuvre très importante sur le stress, mais il ne cache pas que cela lui a demandé beaucoup de travail: "Je crois être insupportable et cela est une autre facette de mon portrait. Je le dis sans sentiment d'infériorité et sans complexe. J'ai aidé beaucoup de mes collaborateurs. Nombre d'entre eux l'ont mal pris, surtout pendant qu'ils travaillaient encore sous ma direction. De nombreux élèves et assistants m'en ont voulu mais sont venus plus tard me remercier de les avoir fait travailler sous une discipline de fer. D'autres ont compris d'emblée où je voulais en venir. Qu'il n'existait pas de raccourcis dans notre métier. Les heures supplémentaires allaient de soi, les samedis et les dimanches aussi, sans compter les sacrifices auxquels il fallait consentir dans la vie privée!" (*ibidem*, page 138).

Tous ces efforts et ce travail, il est toutefois important de les concentrer sur son objectif et de ne pas se disperser. Cette loi de la concentration, dont nous avons déjà parlé dans les chapitres précédents, fait partie d'une bonne discipline personnelle, et elle est préconisée elle aussi par Selye: "Je reçus un autre conseil précieux étant jeune. Celui de ne pas gaspiller mes efforts. Cette leçon je l'ai moi-même enseignée maintes fois à mes élèves. Ne pas éparpiller son talent. Ne pas faire cent petites choses. Construire une seule grande cathédrale plutôt que cent maisonnettes (...)

"Dans ma vie, je n'aurai fait qu'une seule chose. J'ai écrit 33 livres sur le même sujet et, aussi longtemps que je vivrai, avec mes méthodes de chimie, de microscopie, de pharmacologie, ou de psychologie, je m'occuperai du STRESS. Le stress c'est ma cathédrale à moi" (*ibidem*, page 33).

La discipline, dans l'action, vient donc des bonnes habitudes qu'on s'impose à soi-même. Peter Drucker enseigne que, dans les entreprises, les pratiques sont d'une importance capitale, et que les pratiques s'adoptent en pratiquant. Or, qu'est-ce qu'une pratique si ce n'est une habitude? Les habitudes s'acquièrent en les pratiquant, petit à petit, en vous les imposant à vous-même. De toute façon, nous avons tous des habitudes, bonnes ou mauvaises. On dirait que les mauvaises habitudes viennent toutes seules, alors qu'il faut nous forcer pour acquérir de bonnes habitudes.

Quelles sont donc les mauvaises habitudes les plus nuisibles à une bonne discipline personnelle au travail? Ce sont, bien sûr, celles qui occupent la place qu'il serait souhaitable de réserver aux qualités importantes mentionnées au chapitre II, soit une grande intensité du désir, un niveau d'exigences le plus bas possible, le passage à l'action, l'indépendance d'esprit et l'intégrité. Or, si l'on y pense bien, toutes les mauvaises habitudes empêchant l'éclosion de ces qualités se regroupent sous le terme "passivité".

Passivité en effet que l'habitude de l'alcool, des médicaments et de la drogue. Car nous croyons que l'alcool et les drogues nous apporteront le bonheur, qu'ils viendront à bout des difficultés de la vie, alors qu'ils constituent en réalité un refuge et qu'ils ne favorisent en rien l'objectif poursuivi. Cette habitude correspond d'ailleurs habituellement à un niveau d'exigences très élevé, car on désire fortement quelque chose d'extraordinaire sans être prêt à en payer le prix par un effort raisonnable. C'est exiger que la vie nous fasse des cadeaux, alors que rien ne l'y prédestine. Puis, à force de se réfugier dans les drogues et l'alcool, la dépendance se crée, de telle sorte qu'il devient de plus en plus difficile d'en sortir et de poser les gestes adéquats pour atteindre ses objectifs. L'esprit devient en effet conditionné par les drogues et l'alcool: on se dit en permanence qu'on en a absolument besoin et que la vie est insupportable sans cela. Je me rappellerai toujours la définition que feu le docteur André Boudreau, directeur général de L'Office québécois de traitement de l'alcoolisme et des autres toxicomanies, donnait de l'alcoolique: "L'alcoolique, disait-il, est celui qui a de l'alcool dans l'esprit, alors que l'alcoolisé est celui qui a de l'alcool dans le sang." En d'autres mots, l'alcool et les drogues engendrent la passivité en encourageant la croyance que le bonheur est gratuit et qu'il nous est donné de l'extérieur.

L'habitude de l'alcool et de la drogue peut toutefois être contrecarrée, d'abord par un travail au niveau de l'esprit grâce à la confrontation. Puisque "l'alcoolique est celui qui a de l'alcool dans l'esprit", il lui sera nécessaire, s'il désire se débarrasser de son habitude, de constater qu'en réalité il n'a pas vraiment besoin de l'alcool pour vivre. En effet, il est un être humain, et il existe d'autres êtres humains qui vivent sans alcool. Il n'est donc pas difficile de constater, en observant la réalité, qu'on n'a pas absolument besoin d'alcool pour vivre. Parallèlement à cette simple confrontation sur l'exigence de l'alcool ou des drogues, il faut bien sûr se confronter quant aux autres exigences habitant notre esprit, ce qui suppose déjà un effort auquel s'astreindre. Mais pourquoi ne pas s'imposer quinze à trente minutes de confrontation par jour, quand on sait qu'un tel exercice a été d'une utilité extraordinaire pour d'autres? Ce travail au niveau de la confrontation des idées irréalistes doit toutefois être accompagné de décisions pratiques et d'action, en s'imposant l'abstinence totale ou partielle.

Remarquez combien le recours habituel à l'alcool et aux drogues est presque toujours accompagné de dépression. La dépression est en effet causée par l'idée irréaliste qu'on n'est pas bon et qu'on est absolument incapable d'atteindre certains objectifs par ses propres moyens. On se dit qu'il ne sert à rien de lutter pour les atteindre et on se console de sa passivité en se réfugiant dans la consommation d'alcool ou de drogues. Il y a alors passivité, inhibition et démission devant la vie. En fait, la dépression est une démission, un abandon de la lutte pour la vie, en se disant qu'on est incapable d'y faire face. Or rien n'est plus faux: si l'on était incapable de faire face à la vie, on mourrait sur le champ devant toute difficulté qu'on croit à tort la cause d'une dépression. C'est donc à ses propres idées irréalistes qu'on doit s'attaquer, en s'obligeant littéralement en même temps à des actions qui contrecarrent ces mauvaises habitudes. Il faut donc toujours lutter et travailler si l'on veut réussir quelque chose dans la vie.

Il ne s'agit pas de faire des efforts pour des efforts: il s'agit plutôt de choisir les efforts et les gestes les plus susceptibles de nous orienter vers notre objectif. Quand nous nous fixons un but dans la vie, et un seul suffit, nous n'attendons pas que les autres viennent nous dire quoi faire. "Allez aux blessés, disait Bethune. N'attendez pas que les blessés vous arrivent" (*Docteur Bethune*, page 220). On pourrait paraphraser Bethune, pour chacun d'entre nous, en disant: "N'attendez pas que votre clientèle vienne à vous; allez à votre clientèle." C'est de l'initiative, de l'action, le contraire de la passivité.

Une autre habitude nuisant souvent à l'accomplissement de nos objectifs personnels consiste dans une sexualité désordonnée. Quelqu'un qui s'y assujettit risque en effet de perdre son autonomie et son indépendance d'esprit, car il peut facilement faire l'objet de plusieurs manipulations l'éloignant du but qu'il s'est fixé. En plus des pressions déjà exercées par sa famille immédiate, une personne peut en effet se créer ainsi des pressions additionnelles lui rendant plus difficile la poursuite de ses objectifs.

Dans l'ensemble, pour nous contraindre à une discipline efficace dans l'action, rien ne remplace la vision claire et nette d'un but bien arrêté. Cela nous oblige à être réalistes quant aux efforts à fournir pour l'atteindre, que ces efforts soient requis au niveau du conditionnement psychologique ou physique. Ainsi, sachant que notre but ne peut être atteint que grâce à une clientèle, nous saurons aussi combien il est important d'être honnête envers cette clientèle si nous ne voulons pas la perdre. L'honnêteté exige souvent des efforts, mais elle est toujours plus payante à long terme. La malhonnêteté peut être plus payante à court terme, mais c'est une solution de facilité. C'est pourquoi je classerais également la malhonnêteté parmi les habitudes de passivité et de démission face à la vie.

Toute réalisation humaine nécessite en effet un travail humain. La malhonnêteté consiste à vouloir obtenir quelque chose en ne donnant rien en échange. La relation de l'échange existant dans tous les rapports humains n'est alors pas respectée, et c'est ce qui fait que l'on peut parler de malhonnêteté. Il arrive toutefois que des individus reçoivent certaines choses sans avoir à fournir leur travail en échange, comme c'est le cas dans les héritages, mais il faut bien voir alors que du travail a été fourni par les générations précédentes pour obtenir ces biens. Il faut voir aussi que, pour conserver une richesse accumulée par les générations antérieures, un travail humain doit être fourni. C'est ce qui entraîne d'ailleurs l'accumulation de capital, le capital n'étant en fin de compte que le travail accumulé par les générations précédentes.

Toute réalisation implique donc lutte et travail, affrontement d'obstacles et de difficultés et permanence dans l'action. Devant le danger, il est donc important d'apprendre à combattre et à ne pas se laisser abattre par les échecs passagers. Je comparerais en effet la vie à une randonnée à bicyclette. Qu'est-ce qui compte le plus au tout début, quand un enfant apprend à conduire une bicyclette? J'ai toujours considéré que le plus important était d'apprendre à tomber, car il peut être dangereux de tomber: en ne sachant pas tomber de la bonne manière, un enfant peut se blesser sérieusement. C'est pourquoi c'est la seule chose que j'ai voulu enseigner à mes enfants lorsque, tout jeunes, ils apprirent à conduire une bicyclette. Je savais pertinemment qu'ils apprendraient le reste par eux-mêmes, dans l'action. Une fois qu'ils savent tomber, ils expérimentent le reste par eux-mêmes, à force d'essayer, et ils sont capables d'aller où ils veulent. L'important est de savoir qu'une chute n'est pas une catastrophe: ce n'est qu'une étape dans la randonnée et cela ne nous empêche pas de continuer. L'important est de continuer à pédaler dans la bonne direction, en ajoutant un kilomètre à la fois à la distance parcourue, même après des chutes occasionnelles, et cela jusqu'à ce qu'on ne puisse plus se relever, car il faut bien mourir un jour. D'ailleurs, la mort elle-même fait partie de la vie: aussi bien mourir après avoir vu plusieurs paysages au cours de votre randonnée plutôt que de vous contenter de contempler votre bicyclette en refusant de l'enfourcher et de pédaler.

Refusez donc de suivre ceux qui cherchent à vous influencer, qui dépriment devant les difficultés du travail et de la vie et qui n'enfourchent pas leur bicyclette de peur de tomber. Apprenez à combattre les idées irréalistes en pratiquant la technique de la confrontation. Apprenez aussi à aller au bout de vos décisions. Apprenez à pédaler. Décidez-vous à aller voir les paysages de la vie au travail: il en existe de merveilleux. À force de pratique et d'habitude, vous pouvez développer de grandes capacités physiques et psychologiques, parcourir votre kilomètre par jour ou écrire une page de votre livre.

## Chapitre VII

# L'auto-contrôle

Un article de Micheline Lachance sur Claude Brunet, dans la revue *L'Actualité* du mois d'août 1982, décrit ainsi ce grand bonhomme qui sait ce qu'il veut et où il va: "Claude Brunet est le contestataire le plus dérangeant du Québec. Paraplégique depuis l'enfance, cloué sur une civière pour la vie, incapable même de s'asseoir, cet incroyable résistant de la guérilla hospitalière est parvenu à lever le voile sur le secret le mieux gardé du Québec: la situation tragique, scandaleuse des malades chroniques dans les hôpitaux paralysés par la grève. Missionnaire pour les uns, réactionnaire anti-syndicaliste pour les autres, Claude Brunet a mis à la gêne les distants fonctionnaires des Affaires sociales, fait rougir de honte les piqueteurs de la Confédération des Syndicats Nationaux, poursuivi avec succès leurs chefs en recours collectif, plaidé la cause des siens jusqu'au Salon Rouge, devant la commission parlementaire de l'Assemblée nationale. Mieux encore, il a éveillé des centaines de milliers de Québécois bien portants à la cruelle réalité des conditions de vie des malades en institution. Grâce à lui, des milliers de patients ont appris à se défendre, à espérer. Grâce à lui le gouvernement s'interroge enfin — timidement encore — sur la logique parfois absurde des services essentiels. Les syndicats n'aiment pas Claude Brunet."

Claude Brunet agit en effet comme mécanisme de contrôle dans la machine enrayée des hôpitaux du Québec. Avec les grèves qui se multipliaient, Brunet est intervenu pour rappeler à chacun la finalité première des hôpitaux. Les syndiqués des hôpitaux agissaient comme si les malades n'existaient pas, comme si précisément ils n'étaient pas la clientèle des employés d'hôpitaux. Or, pas de malades, pas d'hôpitaux, et pas de salariés d'hôpitaux. À chaque fois que, depuis 1966, Brunet est intervenu en faveur des malades, il n'a fait que rappeler à tous quel était l'objectif fondamental poursuivi par les hôpitaux en leur demandant d'effectuer les corrections requises. Il est allé, en 1980, jusqu'à prendre un recours collectif contre la Confédération des Syndicats Nationaux, suite à une grève illégale intervenue à l'hôpital Saint-Charles Borromée, à Montréal, et il a réglé ce cas par une entente hors cours. Dans la pratique, il ne faisait que constater que le grand objectif des hôpitaux, le soin des malades, n'était pas observé et que, en conséquence, il fallait prendre des mesures correctives.

Suite à cette victoire, Claude Brunet a pris des mesures pour que les malades n'abusent pas eux-mêmes de leur victoire. Micheline Lachance écrit: "Depuis, les malades se portent mieux. Certains sortent même leurs griffes et Claude Brunet, qui les avait incités à la revendication, doit maintenant les rappeler au calme: "J'ai vu des malades en situation d'infériorité devenir cruels à leur tour, dit-il. À l'hôpital, on retrouve la société en miniature. La malhonnêteté, l'orgueil et l'entêtement nous guettent, nous aussi. Mais nous ne voulons pas susciter la colère. Nous voulons combattre l'injustice."

Donc, excès dans un sens, Brunet intervient; excès dans l'autre sens, il intervient également. Il agit ainsi comme un mécanisme de contrôle, toujours préoccupé par l'objectif général poursuivi. Brunet aura fait beaucoup pour rappeler à chacun l'importance et le maintien de l'objectif général des hôpitaux.

On compare souvent le contrôle, en administration, à un thermostat. Le thermostat est en effet un moyen de s'assurer que la température désirée, dans une pièce, est toujours maintenue. Dès que la température baisse, le thermostat le vérifie et le "sent", le système de chauffage est alors remis en marche. Par ailleurs, dès que la température est parvenue au degré désiré, donc dès que l'objectif fixé est respecté, le thermostat commande l'arrêt du système de chauffage. Le contrôle est donc un moyen de vous assurer que notre action est efficace. Comme l'efficacité consiste à accomplir les bonnes choses pour atteindre nos objectifs, le contrôle consiste à vérifier si les actions accomplies vont dans le sens de la réalisation de nos objectifs. Si oui, nous pouvons poursuivre ces mêmes actions. Par ailleurs, si ces actions ne tendent pas à réaliser l'objectif, nous devons, dans notre intérêt, initier une action correctrice. Ce qui sert alors de critère de mesure ou de guide moral, c'est essentiellement l'objectif poursuivi. Les actions nous aidant à réaliser notre objectif sont classées "bonnes", alors que les actions qui nous empêchent de réaliser notre objectif sont classées "mauvaises".

Le contrôle consiste donc essentiellement en une vérification du point où l'on en est rendu par rapport à l'objectif choisi au point de départ. On considère parfois que l'action correctrice, lorsqu'il y a lieu, fait également partie du contrôle, ce qui est logique puisque le cap est rectifié pour revenir à l'objectif initial. Mais le contrôle peut être aussi l'occasion de s'interroger sur la qualité des méthodes utilisées pour en adopter de nouvelles.

Le contrôle personnel fait donc partie de la discipline personnelle, puisque celle-ci est une démarche constante vers un objectif et une bonne administration de notre vie. Si je veux me donner une bonne discipline personnelle, j'aurai donc intérêt à comparer tout résultat partiel obtenu avec mon objectif de départ, et à me donner des renforcements positifs si je suis sur la bonne voie, et des renforcements négatifs pour les actions nuisant à mes objectifs.

De la sorte, je ne me condamne en rien pour des actions "mauvaises". Ce sont en effet les actions qui sont inopportunes pour la poursuite de mon objectif, et non pas moi. Rien ne justifie donc un sentiment de culpabilité. La culpabilité vient en effet de l'idée irréaliste que "je n'aurais pas dû" ou que "je ne devrais pas" faire telle ou telle chose. La culpabilité est donc un blâme que je m'adresse à moi-même, et elle peut m'inciter à me punir. Or, le blâme ne peut m'avancer en rien et ne résout rien. De toute façon, ce qui est fait est fait, et si une erreur a été commise il est inutile de me blâmer. Je peux confronter la culpabilité en observant la réalité et en constatant que "si je n'avais pas dû" faire une chose, il m'aurait été physiquement impossible de le faire.

L'auto-contrôle est donc ce moyen de vérifier si je suis toujours sur le bon chemin dans ma randonnée à bicyclette. Et si par hasard j'ai fait une erreur, si je me suis trompé de chemin, il me sera très avantageux de le savoir pour reprendre une destination correcte. Plus tôt je le saurai, mieux ce sera, car je n'aurai pas accumulé trop de kilomètres inutiles.

Ainsi Claude Brunet questionne la notion de "services essentiels" dans les hôpitaux en se référant à l'objectif poursuivi:

"Mais les services essentiels? Ils sont assurés, jurent les syndiqués, même si le personnel est réduit de 60 à 90 pour cent dans certains établissements. "Cette notion de services essentiels est tout simplement révoltante, s'exclame Claude Brunet. Elle revient à dire: peu importe que les malades souffrent un peu plus, qu'ils soient angoissés, du moment qu'ils ne meurent pas..." (*ibidem*, page 45). De la sorte, Brunet pose des questions que les syndicats ne sont pas portés à envisager: il introduit donc dans les hôpitaux des éléments de contrôle tout à fait inédits, pour que les hôpitaux demeurent humains. Il agit comme thermostat pour maintenir la température le plus près possible de l'objectif désiré lorsque surviennent des conflits dans les hôpitaux.

De même, un bon contrôle personnel agit comme thermostat lorsque surviennent des conflits en nous-même, car toute émotion désagréable que nous ressentons provient d'un conflit intérieur, un conflit entre la réalité et nos idées. Si nous nous sentons mal émotivement, c'est que nous ressentons que la réalité ne correspond pas à nos exigences. Ainsi, beaucoup de gens refusent tout système de contrôle dans leur milieu de travail parce qu'ils sont portés à se culpabiliser pour la moindre erreur. Cependant, il est humain de faire des erreurs. C'est tellement humain que c'est justement la raison pour laquelle nous avons avantage à prévoir des contrôles personnels afin de maintenir le mieux possible notre orientation. On peut même dire qu'il est avantageux de faire des erreurs, quand on les utilise pour apprendre, à la condition d'en tirer profit et de passer à l'action pour les corriger plutôt que de s'en blâmer.

Lucien Auger remarque avec justesse (dans *S'aider soi-même davantage*, page 25) que le blâme accapare des énergies qui seraient mieux investies dans une opération de changement: "Cette démarche d'auto-blâme consomme la plupart du temps une somme d'énergie considérable qui serait beaucoup plus opportunément employée à amorcer et à poursuivre les démarches qui conduiraient à un changement réel éventuel. En se blâmant elle-même de s'être empêtrée dans ses croyances fausses et dans ses comportements inefficaces, la personne accorde sa croyance à une autre idée irréaliste qu'on pourrait formuler ainsi: "Je ne dois jamais faire d'erreurs dans ma manière de mener ma vie et puisque j'en ai commis de nombreuses, je suis un être méprisable et vil, dénué de toute valeur" (...) Il est bien clair que cette nouvelle croyance est génératrice d'anxiété, de sentiments de dévalorisation, de découragement et de dépression, émotions qui viennent saper la volonté déjà chancelante qu'a la personne de changer."

Pour se forcer soi-même à travailler, pour corriger des erreurs ou pour s'imposer de ne pas les reproduire, il est souvent utile d'adopter la technique des garde-fous décrite par Lucien Auger. En fait, la technique des garde-fous, dans l'action personnelle, rejoint celle des différents renforcements qu'utilisent les entreprises pour des contrôles efficaces. Ainsi, les entreprises peuvent accorder certaines libertés de développement à leurs chefs d'unités qui ont atteint tels objectifs budgétaires. Elles accordent des augmentations de salaire selon le mérite. Elles rétrogradent ou mutent les personnes qui ne travaillent pas selon les normes établies. Elles récompensent certaines initiatives particulières. En pratique, elles reconnaissent de façon spéciale les contributions des employés aux objectifs de l'entreprise, ce qui a pour effet de renforcer les actions qui favorisent la réalisation de ces objectifs et d'abaisser le nombre des erreurs ou des actions contrecarrant ces objectifs.

Voici comment Lucien Auger (dans *Vaincre ses peurs*, pages 39 et 40) décrit la technique des garde-fous, pour une action personnelle efficace:

"Dans un processus de changement, il est souvent important que la personne abandonne des manières d'agir nuisibles pour elle mais qui lui sont chères, et s'engage dans d'autres actions qui peuvent lui être profitables à divers égards, mais qui lui sont peu familières ou à l'occasion desquelles elle ressent de la peur. Dans ce processus, elle rencontrera les difficultés que nous avons décrites plus haut. C'est ici que le garde-fou devient utile. M. Dubois, constatant que son habitude nuit considérablement à sa vie familiale et professionnelle, décide de ne plus boire d'alcool. S'il boit un verre d'alcool, il décide de verser 10$ à une oeuvre charitable (excellent pour les oeuvres!). Mme Dubreuil décide de prendre le volant de sa voiture deux fois par semaine pour s'exercer à acquérir plus d'assurance. Si elle ne le fait pas, elle décide de se passer de souper ces soirs-là (excellent pour sa ligne!) (...) M. Dupont décide de dire à un employé que son travail n'est pas satisfaisant, malgré la crainte qu'il éprouve. S'il le fait, il décide de s'accorder une soirée au cinéma avec son épouse (excellent pour leur relation!)."

Les garde-fous peuvent ainsi servir à reconnaître et à maintenir les efforts fournis pour la réalisation de nos objectifs personnels. Ces renforcements s'ils ne sont pas toujours absolument essentiels, ne peuvent toutefois pas nuire et constituent des appuis utiles dans la majorité des cas. Je crois que les garde-fous sont particulièrement avantageux pour une bonne discipline personnelle. Ils nous obligent à un conditionnement physique et psychologique minimum, surtout quand nous n'en sommes qu'au début de l'acquisition de nouvelles habitudes dans ce domaine.

De cette façon, on s'impose certaines actions car on se reconnaît tout simplement humain. Même les plus grands esprits doivent s'imposer un travail et une action permanents. C'est Marie Curie qui disait: "La vie n'est facile pour aucun de nous. Mais quoi, il faut avoir de la persévérance, et surtout de la confiance en soi. Il faut croire que l'on est doué pour quelque chose, et que, cette chose, il faut donc l'atteindre coûte que coûte." (*Madame Curie*, par Ève Curie, page 223).

De même Albert Einstein, dans son *Autoportrait* (Inter-éditions, Paris 1980, page 9), reconnaît que tout objectif requiert du travail et qu'il se réalise à travers de nombreuses erreurs: "Assis à cette table, à l'âge de soixante-sept ans, je me fais l'impression de quelqu'un qui se met à écrire sa propre notice nécrologique. J'entreprends cette tâche, non seulement parce que le Docteur Schilpp me l'a demandé, mais aussi parce que je crois sincèrement qu'il est bon de montrer à ceux qui aujourd'hui travaillent durement pour parachever leurs recherches, comment nous apparaissent, après tant d'années de recul, notre propre cheminement, nos efforts et nos quêtes. En y réfléchissant, je me suis toutefois rendu compte que toute tentative de ce genre ne pourrait être qu'imparfaite. Car, si limitée et si brève que soit une vie de travail, toute occupée à se perdre sur les innombrables chemins de l'erreur, il n'en est pas moins difficile de communiquer aux autres ce qui, malgré tout, y reste digne d'intérêt."

Une bonne façon de corriger notre trajectoire et d'acquérir de nouvelles habitudes est de toujours commencer notre journée en accomplissant la chose qui nous semble la plus désagréable. Car le seul fait d'accomplir dès le début ce qui nous semble le plus désagréable constitue déjà un renforcement pour accomplir les autres actions de la journée. De même une liste des choses à faire au cours de la journée constitue en même temps la liste de contrôle pour cette journée. Car, pour un contrôle personnel efficace, on doit s'imposer des mini-objectifs, des actions concernant des détails des renforcements quant à ces détails. C'est ainsi que se réalise un plan, non pas de façon grandiose et éclatante, mais par l'addition constante de petits gestes. De même, les nouvelles orientations pouvant surgir d'une évaluation de notre performance ne seront efficaces qu'en se concrétisant au niveau du quotidien dans de petites actions, petites actions qui nous semblent souvent ridicules à prime abord, mais qu'il est essentiel d'accomplir pour atteindre notre objectif, et que nous serons heureux d'avoir accomplies lorsque le résultat aura été atteint.

Une autre façon de prendre l'habitude d'un contrôle efficace de notre action est de suivre l'exemple des rares personnes qui s'auto-disciplinent constamment autour de nous, se forçant à faire ce qu'elles estiment devoir faire pour atteindre leurs objectifs, et à ne pas faire ce qui pourrait leur nuire. Il ne faut toutefois pas tomber dans le perfectionnisme, puisque le perfectionnisme constitue une exigence et qu'il est utile de maintenir nos exigences au niveau le plus bas possible.

J'ai en effet constaté que nous utilisons souvent l'exemple des autres pour justifier notre paresse. Comme les gens vraiment disciplinés sont assez rares, et qu'il est par ailleurs très facile de se laisser aller à la passivité ou de consommer de l'alcool et des drogues, beaucoup utilisent le comportement de la majorité de ceux qui les entourent comme argument pour refuser de prendre leur vie en main. Or, si nous tirions parti de la puissance de l'exemple de la minorité pour nous prendre en mains plutôt que de nous laisser aller dans le sillon de la majorité, nous pourrions,avec le temps,réaliser des choses surprenantes dans notre vie. C'est d'ailleurs cette force de l'exemple, pour une bonne discipline personnelle, qui m'a porté à citer celui de nombreuses personnes illustres dans ce livre. Ce choix répond d'ailleurs à un intérêt personnel puisque ces exemples renforcent mon désir d'auto-discipline sans perfectionnisme. J'espère que l'intérêt personnel à long terme de mes lecteurs les amènera à penser ainsi.

Il est important de constater que, pour s'améliorer soi-même et fournir un travail de meilleure qualité, il faut accepter qu'il est normal pour un humain de faire des erreurs. Une fois ce principe accepté, nous avons intérêt à nous imposer un système de contrôle, ou à profiter au maximum des systèmes de contrôle déjà existants. Cela consiste à nous imposer des vérifications périodiques pour savoir où nous en sommes dans le but de déceler au plus tôt nos erreurs de parcours et de corriger notre trajectoire dès que possible. Dès que les erreurs sont décelées, on peut ainsi en analyser les sources, sans se culpabiliser puisqu'il est avantageux de connaître assez tôt ses erreurs, et travailler immédiatement à corriger la situation.

Pour cela, il faut envisager les choses dans une optique réaliste. Cette optique réaliste est basée sur le fait que nous avons tous le droit de faire des erreurs, qu'il peut parfois même être avantageux d'en faire pour mieux analyser nos objectifs et les revoir au besoin, que notre valeur personnelle n'est en rien diminuée par les erreurs mais que notre efficacité peut s'en ressentir si nous ne cherchons pas à en tirer des leçons. Nous accordons ainsi tous les droits à nous-même et aux autres en assumant en même temps les conséquences de nos choix.

Voyez combien la nouvelle orientation du mouvement féministe est intéressante dans ce contexte. Autrefois, ce mouvement n'était composé que de plaignardes qui n'en finissaient pas de geindre sur les malheurs des femmes. Les femmes se plaignaient d'être toujours sujettes à des agressions sexuelles, d'être plus faibles physiquement, de subir de la discrimination dans l'emploi, etc.! Elles se cantonnaient pourtant dans la plus grande passivité et ne s'organisaient pas vraiment pour faire face aux dangers, et leurs plaintes et jérémiades ne les amenaient pas à se prendre vraiment en main. Aujourd'hui, plusieurs femmes ayant constaté qu'il ne sert à rien de se plaindre et que c'est encore le fait de la passivité que de se limiter à la protestation, elles ont décidé de prendre leur destin en main de façon réaliste. C'est ainsi, comme nous l'apprenait un article de Lysiane Gagnon dans *La Presse* du 29 juillet 1982, qu'on a vu apparaître à Londres "une coopérative de taxis conduits par des femmes et destinés aux femmes seulement", que la clientèle féminine des cours d'autodéfense augmente, qu'une aile féministe des "Guardian Angels" a été créée à New York, puis à Windsor en Ontario, pour "suppléer aux carences de la police face à la violence urbaine." Les femmes sont en train de constater qu'il est avantageux de réagir devant leurs peurs et de faire enfin quelque chose. C'est la conclusion de Lysiane Gagnon: "C'est, en tout cas, dit-elle, une attitude bien plus saine que celle qui consiste à entretenir, à coup de statistiques et d'anecdotes terrifiantes, la peur chez les femmes, sans rien leur proposer comme solution. Cela n'aboutit qu'à les rendre encore plus peureuses, encore plus dépendantes et encore plus passives."

Le contrôle est donc utile, pour savoir où l'on en est, mais il n'est vraiment utile que dans une perspective d'action pour bâtir l'avenir. C'est ainsi que Jacques Grand'Maison a profité de l'expérience ouvrière de son père pour en tirer une leçon et bâtir sa vie: "Voyant comment mon père a été démoli dans le type d'univers industriel quasiment carcéral dans lequel il vivait, moi, je me suis dit que jamais dans la vie, quoi que ce soit, ni qui que ce soit n'allait me démolir. C'est plus qu'un instinct de survivance, c'est une passion de coeur, de tête et de tripes" (*Le Roc et la Source — entretiens avec Gilbert Tarrab*, page 27).

Ainsi, Jacques Grand'Maison constate où en est notre société présentement et il en tire la leçon suivante pour nous pousser à l'action: "Il y a des choses que les hommes politiques, les administrateurs, les chefs syndicalistes, les citoyens eux-mêmes, n'osent avouer; par exemple, cette médiocrité morale, ce déclin du courage en Occident comme l'a souligné Soljenitsyne récemment. Vainement d'ailleurs. Il ne s'agit pas de ramener tout le problème à une question éthique, mais de bien comprendre certains enjeux inséparables. Par exemple, un avenir difficile, mais passionnant, nous convie à revaloriser à la fois les tâches les plus matérielles du pain et les tâches les plus spirituelles d'une conscience qualitative, motivée, capable d'aller au bout de ses convictions et de ses entreprises. Sommes-nous en train de devenir une société de revendicateurs ou un peuple entreprenant?" (*ibidem*, page 70).

Plus loin, dans les mêmes entretiens avec Gilbert Tarrab, Jacques Grand'Maison précise ce que signifie vraiment le travail pour un peuple entreprenant: "Je veux bien contester des pratiques douteuses de productivité, mais je n'arrive pas à imaginer une société progressive: socialiste, capitaliste et autre où l'idéal est de travailler moins de trente heures par semaine. Si cette conviction est puritaine, j'en suis à cent pour cent, parce que nous ne pourrons nous faire une place sous le soleil dans un avenir aussi problématique sans un travail acharné, dans la recherche de l'excellence en tout. Et de grâce, qu'on arrête de parler d'une société post-industrielle quand on n'a pas encore réussi à faire sa propre économie, quand on est aussi massivement hors des secteurs de pointe" (*ibidem*, page 79).

Nous aurons l'avenir que nous nous bâtirons. À nous de vérifier où nous en sommes pour mieux nous orienter où nous voulons aller... si nous voulons vraiment aller quelque part.

## Chapitre VIII

# La ténacité

Dans son autobiographie, Golda Meir décrit en quelques mots ce que c'est que d'être Juif, et combien cela implique de ténacité: "...Je voudrais ajouter ici quelques mots sur ce que c'est que d'être Juif. Ce n'est pas, il me semble, le fait d'une observance ni d'une pratique religieuses. Pour moi, être Juif signifie et a toujours signifié: être fier d'appartenir à un peuple qui a su garder son identité distincte pendant plus de 2000 ans, en dépit de toutes les peines, de tous les tourments qui lui furent infligés. Ceux qui ont été incapables de les endurer et qui ont essayé d'opter pour l'adieu à leur condition de Juifs, l'ont fait, je présume, aux dépens de leur identité foncière. Ils se sont pathétiquement appauvris" (*Ma vie*, par Golda Meir, page 486).

Quand, en effet, les difficultés s'accumulent dans la vie de tous les jours, et que l'on maintient malgré tout le cap sur son objectif, la discipline se transforme en courage. Quand surviennent les attaques, quand surgissent les peurs et les anxiétés, la lassitude et la tentation du découragement, la ténacité et le courage sont requis pour continuer à nous imposer une bonne administration de notre vie et pour persister dans l'accomplissement des petits gestes quotidiens qui nous mènent à notre objectif. Cette ténacité est une des conditions essentielles du succès dans n'importe quel domaine, et c'est sur cette condition que la plupart des gens achoppent lorsqu'ils démissionnent dans la poursuite de leurs objectifs.

Comme la ténacité et le courage devant les difficultés de la vie étaient indispensables à la survie du peuple juif, Golda Meir explique qu'elle n'est pas la seule de sa famille à avoir démontré de telles qualités: "Grand-père Mabovitch n'était pas le seul de la famille à se distinguer par la ténacité ou, pour user d'un terme plus à la mode et que m'appliquent très souvent ceux qui ne délirent pas d'admiration pour moi, par "l'intransigeance". Il y avait aussi ma grand-mère maternelle, que je n'ai jamais connue, mais de qui je tiens mon prénom. Elle était célèbre pour sa volonté de fer et son despotisme" (*ibidem*, pages 18-19).

Golda Meir va encore plus loin. Elle en fait une règle générale et prétend que la réalisation de tout objectif implique de la lutte et de la ténacité. Racontant qu'elle épiait les réunions patriotiques que sa soeur organisait à la maison avec des compatriotes alors qu'elle était très jeune, elle en conclut en effet: "À y réfléchir de plus près, j'ai dû apprendre au moins une autre leçon capitale, sans rapport aucun avec la politique, en haut de mon poêle, et c'est que rien n'est le produit du hasard, dans la vie. Il ne suffit pas de croire en quelque chose; il faut avoir l'énergie d'affronter les obstacles et de les surmonter, de lutter, en un mot" (*ibidem*, page 27).

Souvent, la ténacité quant à nos objectifs personnels implique une lutte à l'intérieur de notre famille et auprès de proches qui voudraient nous faciliter la tâche, qui optent donc souvent pour la facilité et des projets à court terme. Pourtant, les vrais objectifs se retrouvent souvent du côté de la difficulté, du risque et des projets à long terme. Ainsi Golda Meir eut à tenir tête à son père, alors que sa famille avait émigré de Russie vers les États-Unis et que, adolescente, elle militait déjà dans les organisations juives. Un jour, suite à une discussion violente avec son père, elle décida qu'elle parlerait en public, en pleine rue, malgré l'interdiction de ce dernier. Elle raconte donc que: "Finalement, nous restâmes sur nos positions: mon père, écarlate de rage, déclara que, si je persistais, il me suivrait et me ramènerait à la maison en me traînant publiquement par ma natte. J'étais sûre qu'il le ferait: en général il tenait parole. Mais je n'en partis pas moins. À l'angle de la rue, je prévins mes amis que mon père était sur le sentier de la guerre, puis grimpai sur ma caisse et fis mon discours — non sans terreur. Quand, au bout du compte, je rentrai à la maison, je trouvai ma mère qui m'attendait à la cuisine. Papa dormait déjà, me dit-elle; il était allé à mon meeting au coin de la rue et m'avait entendue parler. — J'ignore d'où elle tient ça, avait-il déclaré pensivement à ma mère. Il s'était laissé tellement prendre à ma harangue du haut de ma caisse qu'il en avait complètement oublié sa menace. Aucun de nous deux ne fit jamais allusion à l'incident; mais je tiens ce discours pour le plus réussi que j'aie jamais prononcé" (*ibidem*, page 66).

Qu'est-ce donc que la ténacité, cette qualité si essentielle et si particulière? En quoi consiste-t-elle? C'est essentiellement une orientation vers un objectif bien défini, un but précis, et le refus de l'échec. Ces deux éléments sont pareillement requis: but précis et refus de l'échec.

Sans but précis, sans objectif qu'on se fixe soi-même, on ne peut en effet faire vraiment sien le travail qu'on accomplit. On a beau accomplir un travail, c'est toujours en réalité le travail des autres, à moins qu'on ne l'intériorise pour s'en faire un but et le poursuivre sans relâche malgré tous les aspects ingrats de la routine quotidienne. Nul besoin qu'un objectif personnel soit un objectif grandiose: l'important est qu'il soit sien et qu'on ne cesse jamais de travailler pour le réaliser. Mais, me direz-vous, il arrive qu'une personne soit en chômage et que la société ne lui donne pas sa chance d'accomplir une oeuvre utile: comment ne pas comprendre alors les gens qui, dans une pareille situation, succombent à la dépression et au désespoir et prennent l'habitude de consommer drogues et alcool? Eh bien, même en chômage il ne faut jamais arrêter de travailler, en cherchant sans cesse un emploi et en travaillant même comme bénévole, car c'est au moyen du travail qu'on bâtit l'avenir et qu'on développe ses capacités pour des occasions futures. C'est en travaillant également qu'on se fait connaître de son entourage, qu'on peut se faire une clientèle et qu'on bâtit sa chance.

Par ailleurs, succomber à la dépression ou consommer des drogues ou de l'alcool constitue une démission devant la vie. C'est s'imaginer qu'on n'a plus de valeur parce qu'on est en chômage, alors que personne ne perd sa valeur personnelle. Cette valeur ne peut changer dans la réalité, toute évaluation n'étant que le produit de notre esprit. D'ailleurs, si on a encore les moyens de s'adonner aux drogues et à l'alcool, on a encore les moyens de travailler, même si ce n'est qu'à titre bénévole, soit à étudier pour se perfectionner, soit à accomplir des travaux manuels ou intellectuels. Succomber à la dépression et consommer des drogues ou de l'alcool, c'est encore refuser de se fixer des objectifs personnels ou en abandonner la réalisation. C'est laisser aux autres le choix des objectifs qui nous guideront dans la vie. C'est attendre des cadeaux des autres, alors que les autres et la vie ne nous doivent absolument rien.

Face à la dépression, on a vu que le conditionnement psychologique requis se trouve dans la confrontation de l'idée irréaliste qu'on a perdu sa valeur personnelle et qu'on n'est plus bon à rien. Or, il est facile de voir que la réalité n'évalue rien ni personne, l'évaluation consistant en un jugement de notre esprit et n'existant donc, par définition, que dans notre esprit. Cette technique pourtant si facile de la confrontation exige cependant du travail et de la ténacité. Si on désire en retirer de bons effets, il faut s'en imposer la démarche et s'y astreindre avec ténacité, jour après jour, jusqu'à ce qu'on apprenne à le faire de façon quasi automatique. Et même lorsque la confrontation sera devenue une seconde nature, il sera souvent avantageux de vous imposer quelques moments de calme pour réviser par écrit vos émotions et les pensées qui les causent dans une méditation éminemment pratique et efficace.

La ténacité implique donc une vision constante de l'objectif poursuivi. Sans un objectif précis, comment en effet se motiver soi-même, puisque la motivation suppose qu'on se motive pour quelque chose? Si on se laisse décourager par les événements, et si on devient parfois las d'accomplir certains gestes, c'est à coup sûr parce qu'on cesse de voir l'objectif poursuivi. Il est alors important de se répéter cet objectif, d'en analyser les avantages et l'intérêt qu'on a à le poursuivre, et de considérer en même temps les inconvénients qui résulteraient d'un abandon. Il s'agit de faire à chaque fois une analyse "coûts-bénéfices" de son objectif, en s'assurant que cette analyse se fait dans une vision à long terme, jamais à brève échéance autant que possible. Car la brève échéance c'est souvent la facilité et le plaisir immédiat. Je crois que le vrai bonheur réside dans une vision à long terme de votre objectif, quitte à vous imposer des sacrifices importants à court terme, ce qui n'exclut pas la révision de votre objectif et des méthodes choisies pour le réaliser.

Golda Meir avait en vue un objectif bien précis quand elle a èmigré des États-Unis vers la Palestine alors qu'elle était toute jeune mariée. Elle savait ce qu'elle voulait et n'attendait de cadeaux de personne, et c'est ce qui lui a permis de triompher de nombreuses et immenses difficultés d'installation et d'acclimatation. "...Je suis profondément convaincue, rétrospectivement, dit-elle, que d'avoir à ne jamais perdre de vue le but que nous nous étions fixés en venant en Palestine, et de savoir que personne ne nous avait demandé de venir ni ne nous avait rien promis, rendirent finalement relativement rapide notre adaptation" (*ibidem*, page 87).

Si une vision constante de l'objectif poursuivi est essentielle à la ténacité, un autre aspect tout aussi important de cette qualité est le refus de l'échec. Pour refuser l'échec, il suffit de se conditionner psychologiquement à le faire. C'est très simple à dire, mais difficile à faire! En effet, l'échec n'existe pas dans la réalité; c'est pourquoi il peut être si simple de le refuser. L'échec n'est qu'une évaluation de l'esprit. On peut donc refuser son existence aussi longtemps que l'on maintient son objectif. Des échecs successifs ne sont des échecs que si on les voit comme tels. On peut donc les voir tout simplement comme des étapes dans la démarche vers la réalisation de l'objectif, et il n'y a pas d'échec définitif aussi longtemps que l'on poursuit sa démarche.

L'échec passager peut être en effet considéré comme une simple chute au cours de notre randonnée à bicyclette. Il serait dommage qu'une simple chute soit considérée comme une catastrophe et qu'on abandonne la randonnée. Chaque chute constitue plutôt une leçon pour mieux monter à bicyclette. L'expérience s'accumulant, l'objectif peut également être révisé, les méthodes modifiées et la randonnée peut être poursuivie avec de nouveaux paysages à découvrir. L'important est de ne pas abandonner et de toujours poursuivre son travail malgré les difficultés, la routine et la lassitude, sans toutefois tomber dans le perfectionnisme.

Un des grands problèmes suscitant la démission devant un objectif est précisément cette volonté de ne vouloir faire que des choses parfaites et de vouloir se fixer un objectif extraordinaire qui ait un éclat exceptionnel et qui s'accomplisse à court terme. Or, je peux très bien me fixer des objectifs élevés si je le veux, mais il serait irréaliste de vouloir les réaliser à brève échéance. Il faut beaucoup de temps, et beaucoup de petits gestes quotidiens et routiniers, des gestes qui incitent souvent à la lassitude et au découragement tellement ils sont répétitifs, pour réaliser des objectifs élevés. Si, en effet, je veux réaliser des objectifs élevés, je dois être prêt à en payer le prix. Et des objectifs élevés se payent habituellement un prix élevé. Si je ne suis pas prêt à payer un tel prix, eh bien je dois me contenter d'un objectif un peu plus modeste et cesser d'envier ceux qui ont atteint des objectifs élevés puisque je ne suis pas prêt à investir ce qu'ils ont eux-mêmes investi.

Nos peurs et nos anxiétés nous incitent également à la démission devant la tâche à accomplir. En effet, l'anxiété est basée sur l'idée que l'avenir présente de grands dangers et qu'on est incapable d'y faire face. Or, si l'on se croit incapable de faire face aux dangers, on sera porté à ne faire aucun effort pour y faire face, ce qui entraînera précisément l'échec tant redouté. Il est donc important de se dire qu'on n'a rien à attendre de personne, que les autres ne sont pas obligés de nous faire des cadeaux et que si l'on veut gagner quelque chose on ne doit pas ménager ses efforts. S'il survient un échec, cet échec ne sera que momentané et passager. Ce ne sera qu'une chute à bicyclette et nous poursuivrons notre route. Nous reprendrons notre bicyclette pour continuer notre randonnée sur une autre voie. Nous avons avantage, dans notre vie au travail, à nous répéter cette parole célèbre de Henry Ford: "Craindre l'échec, c'est limiter ses efforts", surtout lorsque nous sommes momentanément envahis par la lassitude devant la quantité de gestes routiniers que nous avons à poser pour continuer notre randonnée. Cela en vaut la peine: allons voir de nouveaux paysages!

Golda Meir prétend en effet qu'il n'y a que deux attitudes possibles devant des difficultés, la lutte ou la démission, et je crois que cela s'applique aussi bien aux individus qu'aux nations: "...Il n'y a pour une nation, dit-elle, que deux ripostes raisonnables, et même possibles, à l'adversité. L'une est l'effondrement, l'abandon — on dit: "il n'y a rien à faire". L'autre est de serrer les dents et de lutter sur autant de fronts qu'il le faut et aussi longtemps qu'il le faut" (*ibidem*, p. 157).

D'ailleurs, Golda Meir nous indique en même temps que des objectifs élevés impliquent des prix élevés et qu'ils nécessitent du travail à long terme: "Parfois, en réalité, je pense que seuls ceux d'entre nous qui se jetèrent dans l'action, il y a quarante ans, peuvent véritablement comprendre tout ce qui a été accompli depuis ou combien grandes furent nos victoires; et c'est peut-être pourquoi les plus grands optimistes qu'il y ait en Israël de nos jours tendent à être les vieilles gens comme moi, pour qui il va de soi qu'une chose aussi prodigieuse que la résurrection d'une nation ne peut s'accomplir rapidement, sans effort ni douleur" (*ibidem*, page 158).

Lorsque l'on veut vraiment atteindre un objectif, il faut être prêt à en payer le prix. Or, la majorité des gens ne sont pas prêts à payer le prix de ce qu'ils désirent. Il n'y aurait toutefois pas de problème si l'on se contentait de désirer: le problème vient du fait que l'on exige. On veut absolument que nos désirs se réalisent, on estime que cela nous est dû, qu'on doit nous en faire cadeau et qu'il est abominable et effroyable de ne pas avoir ce que nous désirons. Or, on obtient ou on conserve peu de choses si on n'en paye pas le prix par une action tenace dans le sens de l'objectif poursuivi.

C'est encore Golda Meir qui nous indique les limites de la ténacité. "...Durant ces années de guerre, j'ai appris une leçon capitale: on peut toujours se forcer à mordre un tout petit peu plus sur ce qui, la veille encore, représentait, croyait-on, la limite absolue de l'endurance. D'ailleurs, je ne me souviens pas d'avoir jamais senti la fatigue alors; c'est dire que j'avais dû finir par m'y accoutumer. Comme n'importe qui, j'étais si taraudée d'anxiété et d'angoisse qu'il n'était pas de jour (ni de nuit, d'ailleurs) assez long pour tout ce que j'avais à faire. La raison principale en était, bien sûr, que — si difficile que d'autres trouvassent de croire les Nazis engagés dans le processus de liquidation des Juifs d'Europe — la plupart d'entre nous en furent aussitôt convaincus; et quand on sait que chaque battement d'horloge signe l'arrêt de mort de son peuple, avoir trop à faire n'existe pas" (*ibidem*, pages 177-178).

On peut même dire que la ténacité devant un objectif peut aller jusqu'à la mort. Comme la vie est essentiellement une lutte, il s'agit de savoir si un objectif est assez important pour que nous luttions jusqu'à la mort. La plupart des objectifs qu'on peut se fixer n'impliquent toutefois pas une lutte jusqu'à la mort, même s'ils impliquent toujours un prix à payer, donc une lutte. Il ne faut pas oublier que l'abandon de toute lutte dans la vie est synonyme de mort, du point de vue psychologique, car on cesse toute lutte parce qu'on se répète intérieurement qu'on est incapable de combattre, qu'on n'est pas assez fort ou assez tenace ou que c'est trop difficile, ce qui cause la dépression. Or, la dépression est précisément une démission et une mort psychologique. On peut toutefois triompher de la dépression grâce à l'acceptation des choses qui ne dépendent pas de nous, avec l'aide de la technique de la confrontation, et grâce à l'action pour tout ce qui dépend de nous. Il est important de croire que l'action est possible malgré nos peurs: il s'agit de faire un effort et de se rappeler que l'échec n'existe pas dans la réalité.

Nous devons agir avec courage si nous voulons passer à travers les difficultés. Mais, comme le courage consiste à poursuivre la réalisation de nos objectifs malgré les difficultés, il suppose l'adoption systématique d'une discipline personnelle. Or nous avons vu depuis le début que la discipline personnelle présuppose un but, un plan, de l'organisation, de l'action et du contrôle, ce à quoi l'on peut recourir de façon quasi automatique lorsque surviennent les plus grandes difficultés quand on a pris l'habitude de l'effort. N'est-ce pas là tout simplement les éléments requis pour une bonne administration de notre vie?

## Chapitre IX

# La discipline des autres

Alain Stanké, aujourd'hui président des Éditions Internationales Alain Stanké, raconte son enfance dans un ouvrage autobiographique intitulé: *J'aime encore mieux le jus de betteraves — Souvenirs d'un enfant de la guerre*. Il y décrit entre autres l'aventure suivante, vécue alors que, en 1944, toute sa famille a été arrêtée et envoyée dans un camp de travail en Allemagne, et que lui fut envoyé à l'école parce qu'il était trop jeune pour travailler: "Après la récréation, un jour, le maître d'école me demande s'il m'intéressait de devenir membre de la Hitlerjugend (Jeunesses hitlériennes). Je lui réponds Nein! sans hésitation. Le gros homme encaisse l'affront sans réagir mais je sens, à partir de ce jour, que sa voix habituellement polie contient des inflexions effrayantes. Il m'épie, il me guette, il attend l'occasion; sa colère bouillonne" (page 122).

Stanké rapporte que l'occasion se présenta peu après, alors qu'il fallait faire le salut réglementaire: "Le moment est venu de crier "Heil Hitler!" toute la classe crie, sauf moi. Je reste imperturbable. Le gros homme bourru descend de son estrade et vient se planter devant moi.

— Tu n'as pas dit "Heil Hitler"?

— Non.

Rigide et les poings crispés, je me sens invulnérable.

— *Warum* (pourquoi)? continue le gros lard avec âpreté.

— Parce que je suis un *ausländer* (étranger)!

Mon explication produit un violent effet, une gifle brutale m'est assénée aussitôt sur la joue. À peine ai-je le temps de me ressaisir qu'un énergique coup de poing au ventre me plie en deux.

— *Geh raus du schwein!* (Dehors, cochon!) hurle le bonhomme, l'index pointé vers la porte.

Je n'ai pas besoin qu'on me fasse un dessin. Je quitte la classe en titubant, heureux néanmoins d'avoir craché mon mépris. En fait, je ne me souviens pas d'avoir été un jour aussi fier de moi" (page 123).

Il fallait beaucoup de courage à un enfant pour agir ainsi suivant ses convictions, et cela comportait des risques devant un pouvoir menaçant. Le pouvoir représente la capacité de forcer quelqu'un, au moyen de récompenses, de punitions ou de contraintes physiques ou morales, à accomplir certains objectifs ou à respecter certaines normes ou certains règlements. Quand nos objectifs personnels ne correspondent pas aux objectifs d'une organisation dans laquelle nous sommes impliqués, il nous faut payer un prix assez élevé pour nous permettre d'exprimer cette divergence d'opinions.

Le pouvoir est confondu avec ce que l'on appelle l'autorité officielle, c'est-à-dire l'autorité reconnue pour gouverner l'organisation. Toutefois, il peut arriver, et il arrive en effet, que l'autorité formelle doive accepter de faire quantité de compromis avec différents niveaux d'autorité informelle pour bien gouverner. L'autorité informelle réfère à toute influence non reconnue officiellement, mais très réelle, qui intervient dans la poursuite et la réalisation des objectifs d'une organisation.

Ce sont donc les individus détenteurs d'autorité formelle ou d'autorité informelle qui agissent comme groupes ou éléments de pression pour faire pencher la balance dans un sens ou dans l'autre.

C'est l'individu qui détient la meilleure combinaison d'autorité formelle et d'autorité informelle qui jouira du plus grand pouvoir dans une organisation. Il peut d'ailleurs très bien arriver que cet individu ne soit pas officiellement le grand chef, car l'autorité réelle suppose une autorité que l'on a, et une autorité que l'on est. L'autorité comporte en effet deux pôles quant à son origine dans l'organisation, soit une nomination venue d'en haut et une acceptation par les subordonnés. On détient donc l'autorité quand on a été nommé par la direction, mais il faut *être* une autorité, d'une façon ou d'une autre, si l'on veut être accepté par ses subordonnés.

Or l'autorité formelle reçoit sa seule justification du fait qu'elle constitue le nécessaire point de coordination des activités d'une organisation pour lui permettre d'atteindre ses objectifs. L'autorité formelle est donc, en ce sens, le dépositaire officiel des objectifs de l'organisation, ce qui n'empêche pas les détenteurs de cette autorité formelle d'envisager l'augmentation de leur influence grâce à l'amélioration de leur autorité informelle.

Donc, quand certains individus faisant partie d'une organisation ne se soumettent pas aux objectifs de cette organisation, on peut dire qu'ils refusent de se discipliner en vue de la poursuite des objectifs de l'organisation. C'est alors que peut intervenir le détenteur de l'autorité, pour leur rappeler quels sont les objectifs de l'organisation au moyen de mesures disciplinaires.

Il y a deux grandes conceptions des mesures disciplinaires dans nos organisations, l'une basée sur la peur et se référant plutôt à l'autorité formelle, l'autre basée sur le respect et se référant à l'autorité informelle.

Comme les mesures disciplinaires basées sur la peur sont envisagées comme des punitions, et qu'elles sont en conséquence génératrices d'anxiété, d'inhibition et de volonté de vengeance, elles n'engendrent habituellement pas de profonde motivation chez les individus pour un meilleur accomplissement des objectifs de l'organisation, même si elles peuvent les y inciter momentanément.

La seule conception vraiment valable des mesures disciplinaires pour une organisation demeure donc celle qui est basée sur le respect des gens. Or le respect de quelqu'un suppose qu'on lui reconnaît le droit d'être différent, le droit de faire ce qu'il veut de sa vie, et cela suppose qu'on lui reconnaît même le droit de désobéir, ce qui ne signifie pas qu'on restera inactif devant sa désobéissance. Tout en lui reconnaissant le droit à sa liberté, on lui rappellera que, le jour où il a accepté de venir se joindre à l'organisation, il a accepté par le fait même les objectifs de cette organisation et il doit les respecter. Il est bien libre de ne pas les respecter bien sûr, mais il doit accepter les conséquences de ce refus, et cela peut aller jusqu'à son congédiement, congédiement dont il est d'ailleurs lui-même l'initiateur s'il ne veut plus respecter les objectifs de l'organisation.

En ce sens, les mesures disciplinaires font partie de la formation nécessaire de chacun en vue de réaliser les objectifs de l'organisation. Discipline signifie démarche vers un objectif et fermeté dans la poursuite de cet objectif. Quand quelqu'un ne s'impose pas de poursuivre la réalisation des objectifs de son organisation, il s'expose à ce que d'autres lui en démontrent la nécessité s'il veut conserver son emploi. On le voit, cela ne signifie ni vengeance ni punition, mais décision et fermeté quant aux objectifs.

Or, pour appliquer une telle fermeté dans la gestion des organisations en respectant les employés, le grand problème rencontré par les cadres repose dans leur besoin de se faire aimer. Un article de David C. McClelland et David H. Burnham intitulé *Power is the Great Motivator* (dans le livre *On Human Relations* de *Harvard Business Review*) révèle que plusieurs études concluent à la nécessité, pour les cadres supérieurs des organisations, d'un grand désir de pouvoir, c'est-à-dire du désir d'influencer les gens dans le sens des objectifs de leur organisation pour la gérer efficacement, et que ce désir de pouvoir doit être plus grand que leur désir de se faire aimer. Ils mentionnent en particulier une étude révélant que 80% des meilleurs gérants de ventes possèdent cette caractéristique d'un désir de pouvoir plus grand que leur désir de se faire aimer, alors que cette même caractéristique se retrouve chez seulement 10% des gérants de ventes les moins efficaces.

Une telle relation s'explique facilement lorsque l'on connaît quelque peu la nature humaine et le fonctionnement des organisations. En effet, aucune organisation ne peut fonctionner efficacement bien longtemps si ses objectifs sont constamment sacrifiés par ses cadres pour que ceux-ci se sentent mieux dans leur peau. Or, les cadres qui éprouvent un fort besoin d'être aimés sont précisément portés à sacrifier facilement les objectifs de leur organisation devant les demandes incessantes que ne manquent pas de leur faire leurs subordonnés. Comme ils recherchent constamment l'appréciation de leurs subordonnés, ils sont guidés par ce besoin dans leur action quotidienne. Ils ne dirigent plus en fonction des objectifs de leur organisation, mais ils sont plutôt menés par leurs émotions. Face aux demandes de chacun, ils ne considèrent plus le caractère universel de l'application des objectifs, mais plutôt tel ou tel petit besoin d'un subordonné, lequel semble exiger absolument la satisfaction de ce besoin pour donner son appréciation à son patron. Comme les subordonnés perçoivent facilement un tel besoin chez leur patron et comme ils peuvent en profiter, un patron devient lourdement handicapé dans son administration lorsque son besoin d'être aimé est très fort. Tous peuvent le faire marcher au doigt et à l'oeil pour monnayer leur appréciation. Comme quoi tout se paye, dans les organisations comme dans la vie courante!

Le patron affligé d'un tel besoin aura avantage à utiliser la confrontation pour l'atténuer, et même le faire disparaître comme exigence, ce qui ne l'empêche de le maintenir comme désir. Il aura intérêt à se demander: Est-ce que j'ai vraiment besoin d'être aimé des autres pour bien diriger? En observant la réalité, il pourra alors constater qu'il n'a nul besoin d'être aimé de personne pour vivre, que diriger les autres ne se fait pas toujours avec leur amour et leur appréciation, mais que cette direction réussit toujours mieux lorsqu'elle est inspirée par des objectifs précis et que s'exerce une fermeté de tous les instants quant à ces objectifs. En d'autres mots, le critère de l'action d'un dirigeant repose dans les objectifs de son organisation et non dans l'appréciation de ses subordonnés.

C'est d'ailleurs en recherchant systématiquement à être apprécié de ses subordonnés qu'un cadre risque le plus de ne pas l'être et de perdre leur respect, car les gens n'aiment pas que les autres s'accrochent à eux et quémandent leur amour. Cela ne veut pas dire que les relations humaines importent peu dans les relations d'un patron avec ses subordonnés. Au contraire. Elles ont plutôt une importance primordiale. C'est pourquoi il est tellement souhaitable qu'elles ne soient pas basées sur de prétendus besoins d'être aimé, mais plutôt sur le respect mutuel et une direction constamment inspirée par les objectifs de l'organisation.

De quoi le respect mutuel est-il donc fait? Il est fait, comme je l'ai déjà mentionné, de ce droit qu'on accorde à l'autre d'être différent, de ne pas penser et de ne pas agir nécessairement comme nous. Ce respect est à la base même d'une bonne philosophie des mesures disciplinaires dans une organisation. "Tu ne veux pas obéir, pourrait-on dire à un employé qui refuse un mandat, c'est ton droit le plus strict puisque tu es une personne humaine libre et que je respecte ta liberté, mais tu dois en subir les conséquences. Quant à moi, je veux t'informer des objectifs de l'organisation, objectifs qui sont sensés guider ton action, comme la mienne d'ailleurs, dans cette organisation, et te dire que je serai d'une fermeté inébranlable en ce qui concerne ces objectifs." Ce n'est pas de la tyrannie, mais plutôt du respect dans la fermeté. Aucune organisation ne peut tenir bien longtemps dans la mollesse et le laisser-faire.

Les plus grands leaders ont à ce point maîtrisé leur besoin d'être aimés par leurs subordonnés qu'ils en viennent à galvaniser ces derniers dans la poursuite de leurs objectifs. Étant eux-mêmes dédiés à leurs objectifs, ils suscitent autour d'eux le dévouement à ces objectifs et ils sont aimés en retour. J'aime citer à cet effet cette parole de Lao Tseu (telle que citée dans *Au-delà du management* de Robert Townsend):

"Les plus grands chefs sont ceux dont le peuple ignore l'existence. Viennent ensuite ceux qu'on honore et dont on chante les louanges. Puis ceux que l'on craint et, enfin, ceux que l'on hait... Et quand l'oeuvre des meilleurs chefs est achevée, le peuple dit: "C'est nous qui avons fait cela!" (page 21).

Dans le but de poursuivre efficacement les objectifs d'une organisation, il importe de créer un climat autour de ces objectifs et de voir à ce que "le moral des troupes" soit élevé, dans le sens de la *théorie Y* de McGregor. Toutefois, le danger de la théorie Y de McGregor, c'est qu'on oublie souvent la nécessaire fermeté quant aux objectifs de l'organisation. Or cette fermeté est toujours requise et elle repose sur une discipline d'ensemble des membres de l'organisation, c'est-à-dire sur une démarche incessante et tenace des membres vers la réalisation des objectifs de l'organisation. Au besoin, cette fermeté de la démarche doit être assurée par des interventions de l'autorité, par ce que l'on appelle des mesures disciplinaires si c'est requis, même s'il est de beaucoup préférable d'inciter chacun des membres de l'organisation à une bonne discipline personnelle. C'est une condition essentielle à la bonne marche d'une organisation.

Donc, climat propice et fermeté quant aux objectifs sont également requis. Cette attitude administrative correspond d'ailleurs à la formulation finale de la *théorie Y* de McGregor, ou à son édition revue et corrigée, la *Théorie Z* de William Ouchi.

Il importera alors que les individus intériorisent les objectifs de leur organisation et qu'ils les fassent leurs au point d'accepter de leur assujettir leurs objectifs personnels. Les membres de l'organisation voient alors leurs objectifs personnels coïncider avec ceux de leur organisation, ou à tout le moins ils acceptent dans leur intérêt de sacrifier parfois leurs objectifs personnels immédiats aux objectifs de leur organisation, étant convaincus qu'ils en bénéficieront à long terme, le bien de l'organisation rejaillissant un jour ou l'autre sur chacun de ses membres.

Ce qui empêche souvent les employés d'adhérer aux objectifs de leur entreprise, c'est la peur qu'ils ont d'être manipulés par leurs dirigeants. Il est vrai bien sûr que certains dirigeants cherchent à manipuler leurs subordonnés et à se réserver tous les avantages. Ce qui est alors requis, c'est que patrons et employés trouvent un intérêt commun à travailler ensemble. Chacun doit accepter que l'autre retire des avantages de sa participation. Ces avantages doivent être intéressants et assez bien répartis, de sorte que chacun soit dévoué aux objectifs de l'organisation et les poursuive sans relâche. Ce besoin de coordination représenté par l'autorité demeurera toujours essentiel pour une action efficace. L'autorité peut en effet imposer de la fermeté où il y a du relâchement, neutraliser les faiblesses et mettre en valeur les forces grâce à une bonne répartition des responsabilités, et rappeler constamment ce que sont les objectifs de l'organisation quand certains les oublient.

Pour rappeler à chacun ce que sont les objectifs de l'organisation, les gestionnaires ne doivent pas craindre d'expliquer le pourquoi de tout ce qui se fait. Expliquer, expliquer et expliquer, au besoin passer des heures à expliquer. Mon expérience de gestionnaire m'a en effet appris que ces explications, qui semblent pourtant inutiles à plusieurs gestionnaires, sont justement la clé d'une adhésion intérieure des employés aux objectifs de leur organisation. C'est seulement en comprenant vraiment où les mènent les objectifs de leur organisation, et les besoins de la clientèle de cette organisation, qu'ils peuvent découvrir leur véritable intérêt personnel, se sentir utiles à leur clientèle et la servir plus adéquatement.

Toutefois, il est important de veiller à ce qu'il n'y ait aucune évaluation des personnes dans cette relation de gestionnaires à subordonnés. Ainsi, une explication qui survient suite à une erreur d'un employé n'a aucun avantage à se faire dans le blâme et les reproches. Une erreur a été commise, soit. Ce qui importe, c'est d'en tirer des leçons pour l'avenir et non d'essayer de condamner qui que ce soit pour le passé, ce qui de toute façon ne donne rien. Ce qui importe c'est de faire preuve d'une fermeté constante dans la poursuite des objectifs sans jamais accoler d'étiquettes aux individus. Ce qui importe, c'est que les erreurs soient corrigées et ne se reproduisent plus et non de juger les personnes qui ont commis ces erreurs.

En ce sens, un rappel constant des objectifs poursuivis par l'organisation, quitte à en faire une répétition incessante, est beaucoup plus efficace que cette réglementation et toutes ces normes et procédures strictes qui affligent nos entreprises. Le rappel de l'objectif poursuivi, quand il n'est pas enseveli sous des tonnes de réglementation, est de nature à susciter l'initiative et la discipline personnelle, tandis qu'un excès de réglementation impose plutôt la discipline des autres.

En résumé, on peut donc conclure que la discipline de l'autorité est requise pour suppléer au manque de discipline personnelle et pour assurer une bonne coordination. Cette discipline de l'autorité a elle-même comme critère les objectifs de l'organisation, puisque la discipline consiste précisément en une démarche incessante et ferme vers des objectifs. Comme il est souhaitable que les objectifs de l'organisation soient intériorisés par chacun de ses membres, il est important que ces objectifs eux-mêmes soient utiles et justes pour la collectivité et qu'ils soient poursuivis dans le respect de chacun.

## Chapitre X

# Courage et discipline au travail

La discipline et le courage au travail, c'est quoi? Pourquoi, quand, où et comment est-il dans notre intérêt de nous discipliner pour plus d'efficacité au travail? Telles sont les questions auxquelles nous répondrons brièvement dans ce dernier chapitre.

La discipline et le courage au travail, c'est quoi? Comme nous l'avons vu, la discipline suppose d'abord un but, un objectif, car il serait insensé de faire des efforts dans l'unique but de faire des efforts. On peut toutefois faire des efforts pour acquérir des habitudes sans savoir immédiatement à quoi cela pourra servir, en prévoyant être ainsi mieux armé pour faire face à l'avenir et à toutes les situations qui se présenteront.

La discipline est en fait une démarche incessante vers un objectif choisi. Elle est ce qu'on peut appeler la bonne administration de notre vie. Une bonne administration veut dire planifier, organiser, diriger et contrôler en ayant toujours comme critère l'objectif choisi. Si l'on applique ces différentes facettes de l'administration à l'administration de notre vie, on constatera qu'un plan est requis pour établir de façon préalable les différentes étapes à franchir pour aller du point de départ au point d'arrivée, point d'arrivée qui se trouve dans l'objectif que l'on se donne. On verra qu'il est nécessaire de s'organiser, c'est-à-dire de choisir son degré d'intégration dans un milieu et le degré de spécialisation recherché, car l'on ne peut être spécialiste en tout. La direction de notre vie implique une orientation bien précise de notre action, par l'addition de quantité de petits gestes, vers un grand objectif: c'est la mise en application de notre plan. Quant au contrôle de notre vie, il implique des vérifications périodiques pour savoir où l'on en est et pour s'assurer qu'on s'en va là où l'on veut aller.

Tout ce processus peut devenir ennuyeux et fastidieux, à force de répéter quantité de décisions et de gestes, et l'on peut avoir envie de lâcher précisément au moment où l'objectif visé est à notre portée. C'est pourquoi la prise en charge de notre vie requiert de la ténacité, pour persévérer malgré les vicissitudes. Elle requiert également du courage lorsque des difficultés spéciales se présentent.

La ténacité et le courage seront toutefois mieux soutenus si l'on constate que les échecs n'existent pas dans la réalité, car l'échec n'est qu'une évaluation de l'esprit: il n'existe donc que dans l'esprit qui l'accepte, lorsque cet esprit croit que le but recherché devient inaccessible. Mais l'échec n'existe plus dans l'esprit de l'individu qui se met en accord avec la réalité et qui prend cette réalité comme un critère de vérité. Donc, si vous croyez subir un échec dans la poursuite de votre objectif, il vous suffit de changer le critère d'évaluation de vos résultats: adoptez un objectif plus réaliste et faites-en une nouvelle motivation à l'action. Il pourra arriver que vous fassiez des erreurs, erreurs que certains qualifieront d'échecs, mais ce ne sera jamais un échec pour vous aussi longtemps que vous n'y verrez qu'une erreur. Or nous pouvons apprendre beaucoup à partir de nos erreurs. Une chute à bicyclette n'est qu'une erreur de manoeuvre et non un échec aussi longtemps que nous nous entêtons à reprendre notre bicyclette et à continuer notre randonnée. C'est d'ailleurs à travers nos erreurs que nous apprenons à vivre, et c'est à travers les erreurs dont nous avons tiré des leçons que nous arrivons à un meilleur contrôle de notre vie.

Ainsi, l'enseignement moderne de l'administration transpose dans l'industrie les principes reconnus d'une bonne administration de notre vie. En effet, les entreprises, comme les individus, ont besoin, pour atteindre les objectifs qu'elles se fixent, d'une démarche constante vers ces objectifs assurée par l'ensemble de leurs membres. C'est pourquoi l'entreprise a intérêt, comme l'individu, à maintenir une grande fermeté et à faire preuve de beaucoup de ténacité dans la poursuite de ses objectifs. C'est pourquoi également l'entreprise trouvera utile, et même essentiel, d'imposer une discipline très ferme à ceux de ses membres qui ne savent pas se l'imposer eux-mêmes, au moyen de mesures disciplinaires si c'est requis, mesures disciplinaires qui seront toutefois toujours inspirées par le respect, jamais par la vengeance ou la punition.

En fait, la discipline est aussi bien une attitude qu'une habitude, c'est-à-dire que les gestes répétitifs que nous devrons nous imposer pour atteindre nos objectifs, donc des habitudes d'agir et des comportements, se feront plus facilement s'ils sont sous-tendus par un état d'esprit, à l'intérieur de l'être, donc par des attitudes.

Ce qu'est la discipline étant ainsi résumé, pourquoi donc est-il souhaitable que nous nous l'imposions? Eh bien, je vous donne la réponse la plus simple et la seule que je croie vraie: tout simplement pour être plus heureux, car le bonheur réside dans l'acceptation des choses que nous ne pouvons pas changer, et dans l'action pour les choses que nous pouvons changer. Dans chacun de ces deux cas, il y a rejet de la passivité, car l'acceptation des choses que nous ne pouvons changer implique un travail de conditionnement psychologique, donc une action.

Or, on ne peut agir sans fixer un but à son action. Mieux vaut se choisir soi-même un but, ou adhérer intérieurement à un but fixé par quelqu'un d'autre mais qu'on fait sien, sinon on se replie sur soi-même dans un sentiment de passivité et on tombe alors dans le piège des sentiments de dévalorisation. Par ailleurs, dès qu'on a décidé de travailler sur son esprit au moyen du conditionnement psychologique, on entre dans la lutte pour la vie et on est déjà dans l'action. On peut ensuite passer à l'action proprement dite et rechercher ce qu'on aime dans un intérêt personnel bien compris. On cherche alors à déborder de son être et à s'exprimer extérieurement: c'est la recherche d'une clientèle pour nos services et d'un échange profitable à nous-même et aux autres. On veut être utile à un certain milieu tout en en retirant des avantages personnels, ce qui est conforme au principe de l'échange. Plus nous agissons dans le sens de la réalisation de nos désirs, plus nous avons de chances d'être heureux, toujours cependant à la condition de maintenir nos exigences à un niveau inférieur à celui de la réalisation de nos désirs.

Il est souvent en effet plus stressant d'être inoccupé et passif que d'être occupé et actif. On constate tous les jours combien les gens se détruisent à ne rien faire, se sentant inutiles, s'adonnant à l'alcool et aux drogues et devenant à la longue tellement habitués à ne rien faire qu'ils font un drame de la moindre action qu'on exige d'eux. On constate d'ailleurs assez facilement, dans les organisations, que ce sont souvent ceux qui ont déjà beaucoup de travail qui en acceptent davantage, alors que ceux qui ne font pratiquement rien se plaignent d'en faire trop. On voit en conséquence à quoi conduit une telle mentalité dans nos organisations: chacun prétend que tel travail ne fait pas partie de ses fonctions, essaie de refiler le travail à son voisin et perd un temps précieux à flâner. Des employés de bureau cachent leur inefficacité en faisant semblant de travailler pendant que les gestionnaires qui les dirigent ont peur de leur ombre et se cachent eux-mêmes derrière une foule de prétextes pour ne pas intervenir en faveur de la réalisation des objectifs de leur organisation. Une telle mentalité conduit très vite à l'inefficacité d'une organisation et de tout un peuple, au relâchement et à l'indiscipline organisée. Il ne faut pas se surprendre alors que les usines ferment, que les entreprises fassent faillite et que les sièges sociaux déménagent vers des cieux où l'on a un peu plus de respect du travail. Or, à la base de toutes ces erreurs, il y a toujours un manque de discipline, car rien ne se fait dans le relâchement. Nos attitudes et nos habitudes doivent toujours aller dans le sens de l'objectif poursuivi si l'on veut être efficace.

C'est pourquoi je conseille à chaque gestionnaire et à chaque employé de nos organisations de se poser à tout moment cette question fondamentale: "Ce que je fais présentement est-il requis pour la réalisation des objectifs de mon organisation?" Si la réponse est oui, il faut s'impliquer à fond dans cette action. Si par contre la réponse est non, il s'agit encore de s'impliquer, mais en essayant alors de remplacer l'action jugée inefficace par une action plus efficace, c'est-à-dire une action qui favorise la réalisation des objectifs de l'organisation. Dans les organisations comme dans la vie individuelle, tout succès est relatif à un objectif qu'on s'est préalablement fixé: c'est l'objectif qu'on a accepté dans son esprit qui devient le critère de son succès, la réalité objective ne comportant quant à elle aucun jugement. C'est pourquoi je comprends difficilement les gens qui parlent de leur désir de succès et qui ne se fixent aucun objectif. Comme il n'y a pas de résultats sans travail, il n'y a pas de succès sans objectif.

Une telle attitude requiert de l'humilité, car il nous faut alors accepter d'être toujours le serviteur de quelqu'un. Toute clientèle requiert en effet ses serviteurs, et la mise en marché de nos services exige une clientèle. Il est donc assez facile d'en conclure que chacun de nous est le serviteur de quelqu'un. C'est la vie, et c'est bien ainsi puisque c'est la réalité. Mieux vaut alors apprendre à respecter sa clientèle et à lui donner ce qu'on a de meilleur, puisqu'on risque de la perdre en agissant autrement. Enfin, donner ce que nous avons de meilleur à notre clientèle suppose une lutte de chaque instant pour améliorer notre service. Si nous réussissons à propager cet esprit de service à la clientèle dans nos organisations, l'ensemble de la population bénéficiera de l'amélioration de la productivité qui en résultera. Une telle attitude exige que nous cessions de voir et de susciter des problèmes partout, et que nous nous attachions plutôt à voir les chances qui nous sont offertes.

Les plus grands dangers qui nous guettent dans la vie se retrouvent en nous-mêmes, surtout dans notre inclination naturelle à la passivité et au perfectionnisme. En attendant des cadeaux de tout le monde, alors que la réalité ne nous donne rien gratuitement, et en ne voulant rien faire qui ne soit parfait, nous avons de fortes propensions à ne rien faire de peur d'essuyer un échec et nous avons tendance à nous asseoir béatement en attendant un miracle des dieux. Or, il arrive bien quelquefois que les choses s'arrangent d'elles-mêmes avec le temps, mais il faut le plus souvent leur donner une petite poussée pour qu'elles s'arrangent à notre convenance.

Ayant donc vu jusqu'ici ce qu'est la discipline, et pourquoi il est avantageux de se discipliner, nous pouvons nous poser la question suivante: “Quand faut-il se discipliner si l'on veut atteindre ses objectifs de travail?” Or, je n'hésite pas à répondre: toujours. Il faut en effet s'imposer une discipline de tous les instants si l'on veut atteindre ses objectifs, car la discipline est précisément cette tension constante, cette démarche perpétuelle vers nos objectifs.

La discipline, c'est en effet un investissement que nous faisons maintenant, aujourd'hui, pour préparer l'avenir et bâtir notre "demain". Et ce sera vrai également quand demain sera là. Ce qui revient à dire que vous serez plus heureux demain si vous travaillez dès aujourd'hui, et que vous serez plus heureux le surlendemain si vous continuez à travailler demain. Vous travaillerez donc toujours, à la fois en essayant d'abaisser vos exigences par un conditionnement psychologique, et en passant à l'action en posant chaque jour les gestes les plus propices à la réalisation de vos objectifs. Les gens, en grande majorité, désirent retirer de grands profits de façon tout à fait gratuite, parce qu'ils refusent d'effectuer les investissements requis dans le présent. Ils n'ont pas compris que la réalité nous traite tous de la même façon et qu'elle n'accorde habituellement aucun profit à celui qui n'a pas investi.

Cette loi de la discipline personnelle qui semble inexorable est du stoïcisme pur. Plusieurs crieront à la loi martiale, à un régime de terreur et au caractère inhumain de ce que je prêche pour les individus et pour les organisations. Mais je suis personnellement convaincu que les stoïciens prêchaient la même chose tout simplement pour être plus heureux, ce que j'expérimente d'ailleurs dans ma propre vie et dans les nombreux témoignages qui me sont transmis par ceux qui s'efforcent de vivre en accord avec cette philosophie.

Des gens prétendront qu'ils risquent ainsi d'affecter leur santé? Je leur répliquerai que, à ma connaissance, le travail n'a jamais fait mourir personne. Les réticences devant le travail et le refus de s'impliquer sont davantage générateurs de maladie et de malheur. Et cela n'empêche personne de s'accorder de nécessaires moments de repos et de soin de son corps, cette machine merveilleuse qu'il faut entretenir grâce à un conditionnement physique soutenu. Il faut bien voir d'ailleurs que le conditionnement physique lui-même fait partie de cette discipline essentielle.

En pratique, chacun des instants que nous vivons aura avantage à être envisagé dans une perspective de croissance personnelle. Comme "on n'est jamais si bien servi que par soi-même", il serait malsain de confier notre personne à d'autres qu'à nous-même. La personne la plus susceptible de travailler efficacement dans votre intérêt, lorsqu'on vous l'aura fait voir avec clarté, c'est justement vous-même. Qui d'autre en effet peut mieux vous prendre en mains quand vous aurez compris que la discipline personnelle est essentielle pour la réussite de vos objectifs. La névrose est précisément définie comme l'utilisation des mauvais moyens, ou même plus précisément comme l'utilisation des moyens les plus susceptibles de contrecarrer nos objectifs. La meilleure façon de combattre la névrose dont la presque totalité de notre population est atteinte à un degré plus ou moins grand, c'est selon moi cette discipline dont on a pourtant tellement peur, discipline qui suppose la poursuite d'un but, dans le meilleur épanouissement de notre corps et de notre âme.

Après avoir répondu aux trois questions précédentes, nous essayerons de voir ensemble où il est souhaitable de se discipliner pour être efficace dans son travail. Comme je répondais "toujours" à la question "quand se discipliner?", je répondrai "partout" à la question "où se discipliner?".

La vie personnelle et la vie au travail s'interpénètrent continuellement. C'est pourquoi il faut se discipliner à la fois dans sa vie personnelle et dans sa vie au travail pour mieux réussir sa vie au travail. Le manque de discipline personnelle, en ce qui concerne en particulier les drogues, l'alcool, le sexe et l'honnêteté, a inévitablement des conséquences importantes sur la vie au travail.

Vous aurez donc avantage à vous discipliner, autant du point de vue de votre personnalité que de vos connaissances. Du point de vue de votre personnalité, vous aurez avantage à travailler dans le sens de vos forces, car vos forces se trouvent habituellement dans ce que vous aimez le plus, et c'est précisément là que sont vos meilleures chances de réussite. Mais il est important toutefois de connaître vos faiblesses et de travailler à les atténuer, la meilleure façon d'y parvenir étant précisément d'accepter d'avoir des faiblesses et de ne pas être parfait, comme n'importe quel être humain, et de vous permettre des erreurs tout en travaillant à en tirer des leçons qui vous aideront à ne pas les répéter. Vous y arriverez avec le temps, si vous travaillez à abaisser le niveau de vos exigences, tout en travaillant sans cesse à la réalisation de vos désirs. Il faut aussi croire, contrairement aux prétentions de certains, qu'il est possible de vous changer vous-même à condition de le vouloir, de vous en fixer l'objectif et d'y travailler.

Quant à l'amélioration de vos connaissances, elle relève aussi d'une question de volonté et de travail. La discipline consiste précisément à s'imposer ce que l'on estime devoir faire pour obtenir ce que l'on désire. Si vous croyez qu'il est souhaitable d'améliorer vos connaissances pour travailler plus adéquatement dans votre spécialité vous devez alors vous imposer le travail de recherche, d'étude et la pratique qui vous permettront de vous améliorer. Les solutions magiques n'existent pas. Vous ne pouvez habituellement pas trouver ce que vous ne cherchez pas. Choisir le développement de vos connaissances, c'est d'ailleurs choisir la vie, car la vie est un apprentissage continuel jusqu'à la mort. Ceux qui cessent de vouloir apprendre et abandonnent toute recherche de savoir deviennent en pratique des morts-vivants. Cela est vrai de l'ébéniste et du menuisier, comme du mécanicien, de l'outilleur, de l'employé de bureau, de l'administrateur et du professeur. Cela s'applique à la vie de chacun.

Comment, enfin, arriver à vous discipliner? Comme cet aspect a été traité tout au long de ce livre, je me permettrai d'en résumer ici les principaux éléments.

Vous arriverez à vous discipliner en choisissant une idée de service à une clientèle et en vous en faisant un objectif de vie. Vous concentrerez alors vos pensées et vos actions sur cet objectif, en vous réajustant au besoin et en vous réorientant vers un autre objectif si requis.

Vous acquerrez alors de nouvelles habitudes, grâce à un bon conditionnement physique et psychologique, et grâce au passage à l'action si vous jugez que vos habitudes actuelles sont insuffisantes ou impropres à la réalisation la plus efficace de vos objectifs. Comme vous savez que les habitudes s'acquièrent par la pratique, vous vous en imposerez systématiquement l'acquisition en vous forçant à accomplir tous ces petits gestes quotidiens qui peuvent vous sembler ridicules au premier abord. Si vous êtes gestionnaire dans une organisation, vous n'oublierez jamais l'importance de l'exemple pour les collaborateurs que vous dirigez et que vous assistez dans leur tâche, car le gestionnaire est dans ce sens un multiplicateur extraordinaire de discipline ou d'indiscipline.

Peu importe la fonction que vous occupez, il vous sera toujours avantageux de vous poser cette question: "QU'EST-CE QUE JE PEUX FAIRE DE MIEUX POUR AIDER LES AUTRES?"

Des sessions de formation
préconisant l'application
de cette philosophie en
milieu de travail
sont organisées par:
Formation 2000 Inc.
7495 Marisa
BROSSARD, Qué. Canada J4Y 1J7
Téléphone: (514) 656-8269

# Bibliographie

Auger, Lucien, *S'aider soi-même*, Éditions de l'Homme, Montréal, 1974.

Bennett, Lerone, *L'homme d'Atlanta: Martin Luther King*, Casterman, Tournai, Belgique, 4ème édition, 1969.

Bouchard, Claude; Landry, Fernand; Brunelle, Jean et Godbout, Paul, *La condition physique et le bien-être*, Éditions du Pélican, Québec, 1974.

Drucker, Peter F., *The Effective Executive*, Harper & Row, New York, 1966.

Drucker, Peter F., *MANAGEMENT: tasks, responsibilities, practices*, Harper & Row, New York, 1973.

Drucker, Peter F., *Managing in Turbulent Times*, Harper & Row, New York, 1980.

Ellis, Albert, *Executive Leadership, a rational approach*, Citadel Press, Secaucus, N.J., 1972.

Getty, J. Paul, *À quoi sert un milliardaire?*, Éditions Robert Laffont, Paris, 1978.

Gonzales-Balado, José Luis, *Mère Teresa — Une main de tendresse*, textes de Mère Teresa recueillis et présentés par José Luis Gonzales-Balado. Apostolat des Éditions, Paris et Éditions Paulines, Montréal, 1979.

Gordon, Sydney et Allan, Ted, *Docteur Bethune*, Éditions L'Étincelle, Montréal, 1973.

Hickok, Lorena, A., *L'histoire d'Helen Keller*, Éditions Robert Laffont, Paris, 1968.

Houde, Eugène, *Aider mon patron à m'aider*, Éditions de l'Homme, Montréal, 1982.

Houde, Eugène, *Émotivité et efficacité au travail*, Éditions de l'Homme, Montréal, 1982.

Houde, Eugène, *Le bonheur au travail*, Éditions de l'Homme, Montréal, 1983.

Kaspi, André, *Kennedy*, Collection "Leur Vie", Masson, Paris, 1978.

Meir, Golda, *Ma Vie*, Coédition Robert Laffont — Opera Mundi, Paris, 1975.

Muhlstein, Anka, *James de Rothschild (1792-1868)*, Gallimard, 1981.

Scitovsky, Tibor, *L'économie sans joie*, Éditions Calmann-Lévy, France, 1978.

Stanké, Alain, *J'aime encore mieux le jus de betteraves (Souvenirs d'un enfant de la guerre)*, Éditions de l'Homme, Montréal, 1969.

Selye, Hans, *Le stress de ma vie*, Éditions internationales Alain Stanké, Montréal, 1976.

Tarrab, Gilbert, *Jacques Grand'Maison — Le Roc et la Source — entretiens avec Gilbert Tarrab*, Éditions Nouvelle Optique, Montréal, 1980.

Townsend, Robert, *Au-delà du Management*, B. Arthaud, Paris, 1970, traduit de l'américain: *Up the Organization*, Alfred A. Knopf Inc., New York.

# Table des matières

Introduction 7

**Chapitre I**

Courage et discipline,
une démarche vers un but 9

**Chapitre II**

La connaissance de soi:
miser sur ses forces, mais
connaître ses faiblesses 25

**Chapitre III**

Conditionnement physique
et conditionnement psychologique 39

**Chapitre IV**

La planification personnelle 49

**Chapitre V**

L'organisation personnelle 63

**Chapitre VI**
La réalisation d'objectifs
dans l'action 75

**Chapitre VII**
L'auto-contrôle 89

**Chapitre VIII**
La ténacité 101

**Chapitre IX**
La discipline des autres 111

**Chapitre X**
Courage et discipline au travail 121

Bibliographie 131

*Lithographié au Canada*
*sur les presses de*
*Métropole Litho Inc.*

# Ouvrages parus aux ÉDITIONS DE L'HOMME

sans * pour l'Amérique du Nord seulement
* pour l'Europe et l'Amérique du Nord
** pour l'Europe seulement

## ALIMENTATION — SANTÉ

**Allergies, Les,** Dr Pierre Delorme
* **Cellulite, La,** Dr Jean-Paul Ostiguy
**Conseils de mon médecin de famille, Les,** Dr Maurice Lauzon
**Contrôler votre poids,** Dr Jean-Paul Ostiguy
**Diététique dans la vie quotidienne, La,** Louise Lambert-Lagacé
**Face-lifting par l'exercice, Le,** Senta Maria Rungé
* **Guérir ses maux de dos,** Dr Hamilton Hall
* **Maigrir en santé,** Denyse Hunter
* **Maigrir, un nouveau régime de vie,** Edwin Bayrd
**Massage, Le,** Byron Scott
**Médecine esthétique, La,** Dr Guylaine Lanctôt
* **Régime pour maigrir,** Marie-Josée Beaudoin
* **Sport-santé et nutrition,** Dr Jean-Paul Ostiguy
* **Vivre jeune,** Myra Waldo

## ART CULINAIRE

**Agneau, L',** Jehane Benoit
**Art d'apprêter les restes, L',** Suzanne Lapointe
* **Art de la cuisine chinoise, L',** Stella Chan
**Art de la table, L',** Marguerite du Coffre
**Boîte à lunch, La,** Louise Lambert-Lagacé
**Bonne table, La,** Juliette Huot
**Brasserie la Mère Clavet vous présente ses recettes, La,** Léo Godon
**Canapés et amuse-gueule**
**101 omelettes,** Claude Marycette
**Cocktails de Jacques Normand, Les,** Jacques Normand
**Confitures, Les,** Misette Godard
* **Congélation des aliments, La,** Suzanne Lapointe
* **Conserves, Les,** Soeur Berthe
* **Cuisine au wok, La,** Charmaine Solomon
**Cuisine chinoise, La,** Lizette Gervais
**Cuisine de Maman Lapointe, La,** Suzanne Lapointe
**Cuisine de Pol Martin, La,** Pol Martin
**Cuisine des 4 saisons, La,** Hélène Durand-LaRoche
* **Cuisine du monde entier, La,** Jehane Benoit
**Cuisine en fête, La,** Juliette Lassonde
**Cuisine facile aux micro-ondes,** Pauline Saint-Amour
* **Cuisine micro-ondes, La,** Jehane Benoit
**Desserts diététiques,** Claude Poliquin
**Du potager à la table,** Paul Pouliot, Pol Martin
**En cuisinant de 5 à 6,** Juliette Huot
* **Faire son pain soi-même,** Janice Murray Gill
* **Fèves, haricots et autres légumineuses,** Tess Mallos
**Fondue et barbecue**
* **Fondues et flambées de Maman Lapointe,** S. et L. Lapointe
**Fruits, Les,** John Goode
**Gastronomie au Québec, La,** Abel Benquet
**Grande cuisine au Pernod, La,** Suzanne Lapointe
**Grillades, Les**
* **Guide complet du barman, Le,** Jacques Normand
**Hors-d'oeuvre, salades et buffets froids,** Louis Dubois

**Légumes, Les,** John Goode
**Liqueurs et philtres d'amour,** Hélène Morasse
**Ma cuisine maison,** Jehane Benoit
**Madame reçoit,** Hélène Durand-LaRoche
* **Menu de santé,** Louise Lambert-Lagacé
**Pâtes à toutes les sauces, Les,** Lucette Lapointe
**Pâtisserie, La,** Maurice-Marie Bellot
**Petite et grande cuisine végétarienne,** Manon Bédard
**Poissons et crustacés**
**Poissons et fruits de mer,** Soeur Berthe
* **Poulet à toutes les sauces, Le,** Monique Thyraud de Vosjoli
**Recettes à la bière des grandes cuisines Molson, Les,** Marcel L. Beaulieu
**Recettes au blender,** Juliette Huot
**Recettes de gibier,** Suzanne Lapointe
**Recettes de Juliette, Les,** Juliette Huot
**Recettes pour aider à maigrir,** Dr Jean-Paul Ostiguy
**Robot culinaire, Le,** Pol Martin
**Sauces pour tous les plats,** Huguette Gaudette, Suzanne Colas
* **Techniques culinaires, Les,** Soeur Berthe
* **Une cuisine sage,** Louise Lambert-Lagacé
**Vins, cocktails et spiritueux,** Gilles Cloutier
**Y'a du soleil dans votre assiette,** Francine Georget

## *DOCUMENTS — BIOGRAPHIES*

**Art traditionnel au Québec, L',** M. Lessard et H. Marquis
**Artisanat québécois, T. I,** Cyril Simard
**Artisanat québécois, T. II,** Cyril Simard
**Artisanat québécois, T. III,** Cyril Simard
**Bien pensants, Les,** Pierre Berton
**Charlebois, qui es-tu?** Benoît L'Herbier
**Comité, Le,** M. et P. Thyraud de Vosjoli
**Daniel Johnson, T. I,** Pierre Godin
**Daniel Johnson, T. II,** Pierre Godin
**Deux innocents en Chine Rouge,** Jacques Hébert, Pierre E. Trudeau
**Duplessis, l'ascension, T. I,** Conrad Black
**Duplessis, le pouvoir, T. II,** Conrad Black
**Dynastie des Bronfman, La,** Peter C. Newman
**Écoles de rang au Québec, Les,** Jacques Dorion
* **Ermite, L',** T. Lobsang Rampa
**Establishment canadien, L',** Peter C. Newman
**Fabuleux Onassis, Le,** Christian Cafarakis
**Filière canadienne, La,** Jean-Pierre Charbonneau
**Frère André, Le,** Micheline Lachance
**Insolences du frère Untel, Les,** Frère Untel
**Invasion du Canada L', T. I,** Pierre Berton
**Invasion du Canada L', T. II,** Pierre Berton
**John A. Macdonald, T. I,** Donald Creighton
**John A. Macdonald, T. II,** Donald Creighton
**Lamia,** P.L. Thyraud de Vosjoli
**Magadan,** Michel Solomon
**Maison traditionnelle au Québec, La,** M. Lessard, G. Vilandré
**Mammifères de mon pays, Les,** St-Denys-Duchesnay-Dumais
**Masques et visages du spiritualisme contemporain,** Julius Evola
**Mastantuono,** M. Mastantuono, M. Auger
**Mon calvaire roumain,** Michel Solomon
**Moulins à eau de la vallée du St-Laurent, Les,** F. Adam-Villeneuve, C. Felteau
**Mozart raconté en 50 chefs-d'oeuvre,** Paul Roussel
**Nos aviateurs,** Jacques Rivard
**Nos soldats,** George F.G. Stanley
**Nouveaux Riches, Les,** Peter C. Newman
**Objets familiers de nos ancêtres, Les,** Vermette, Genêt, Décarie-Audet
**Oui,** René Lévesque
* **OVNI,** Yurko Bondarchuck
**Papillons du Québec, Les,** B. Prévost et C. Veilleux
**Patronage et patroneux,** Alfred Hardy
**Petite barbe, j'ai vécu 40 ans dans le Grand Nord, La,** André Steinmann
* **Pour entretenir la flamme,** T. Lobsang Rampa
**Prague, l'été des tanks,** Desgraupes, Dumayet, Stanké
**Prince de l'Église, le cardinal Léger, Le,** Micheline Lachance

**Provencher, le dernier des coureurs de bois,** Paul Provencher
**Réal Caouette,** Marcel Huguet
**Révolte contre le monde moderne,** Julius Evola
**Struma, Le,** Michel Solomon
**Temps des fêtes au Québec, Le,** Raymond Montpetit
**Terrorisme québécois, Le,** Dr Gustave Morf
* **Treizième chandelle, La,** T. Lobsang Rampa
**Troisième voie, La,** Me Emile Colas
**Trois vies de Pearson, Les,** J.-M. Poliquin, J.R. Beal
**Trudeau, le paradoxe,** Anthony Westell
**Vizzini,** Sal Vizzini
**Vrai visage de Duplessis, Le,** Pierre Laporte

## *ENCYCLOPÉDIES*

**Encyclopédie de la chasse au Québec,** Bernard Leiffet
**Encyclopédie de la maison québécoise,** M. Lessard, H. Marquis
* **Encyclopédie de la santé de l'enfant, L',** Richard I. Feinbloom
**Encyclopédie des antiquités du Québec,** M. Lessard, H. Marquis
**Encyclopédie des oiseaux du Québec,** W. Earl Godfrey
**Encyclopédie du jardinier horticulteur,** W.H. Perron
**Encyclopédie du Québec, vol. I,** Louis Landry
**Encyclopédie du Québec, vol. II,** Louis Landry

## *ENFANCE ET MATERNITÉ*

* **Aider son enfant en maternelle et en 1ère année,** Louise Pedneault-Pontbriand
* **Aider votre enfant à lire et à écrire,** Louise Doyon-Richard
**Avoir un enfant après 35 ans,** Isabelle Robert
* **Comment avoir des enfants heureux,** Jacob Azerrad
**Comment amuser nos enfants,** Louis Stanké
* **Comment nourrir son enfant,** Louise Lambert-Lagacé
* **Découvrez votre enfant par ses jeux,** Didier Calvet
**Des enfants découvrent l'agriculture,** Didier Calvet
* **Développement psychomoteur du bébé, Le,** Didier Calvet
* **Douze premiers mois de mon enfant, Les,** Frank Caplan
**Droits des futurs parents, Les,** Valmai Howe Elkins
* **En attendant notre enfant,** Yvette Pratte-Marchessault
**Enfant unique, L',** Ellen Peck
* **Éveillez votre enfant par des contes,** Didier Calvet
* **Exercices et jeux pour enfants,** Trude Sekely
**Femme enceinte, La,** Dr Robert A. Bradley
**Futur père,** Yvette Pratte-Marchessault
* **Jouons avec les lettres,** Louise Doyon-Richard
* **Langage de votre enfant, Le,** Claude Langevin
**Maman et son nouveau-né, La,** Trude Sekely
**Merveilleuse histoire de la naissance,** Dr Lionel Gendron
**Pour bébé, le sein ou le biberon,** Yvette Pratte-Marchessault
**Pour vous future maman,** Trude Sekely
* **Préparez votre enfant à l'école,** Louise Doyon-Richard
* **Psychologie de l'enfant, La,** Françoise Cholette-Pérusse
* **Tout se joue avant la maternelle,** Isuba Mansuka
* **Trois premières années de mon enfant, Les,** Dr Burton L. White
* **Une naissance apprivoisée,** Edith Fournier, Michel Moreau

## *LANGUE*

**Améliorez votre français,** Jacques Laurin
* **Anglais par la méthode choc, L',** Jean-Louis Morgan

**Corrigeons nos anglicismes,** Jacques Laurin
* **J'apprends l'anglais,** G. Silicani et J. Grisé-Allard
**Notre français et ses pièges,** Jacques Laurin
**Petit dictionnaire du joual au français,** Augustin Turennes
**Verbes, Les,** Jacques Laurin

## LITTÉRATURE

**Adieu Québec,** André Bruneau
**Allocutaire, L',** Gilbert Langlois
**Arrivants, Les,** collaboration
**Berger, Les,** Marcel Cabay-Marin
**Bigaouette,** Raymond Lévesque
**Carnivores, Les,** François Moreau
**Carré St-Louis,** Jean-Jules Richard
**Centre-ville,** Jean-Jules Richard
**Chez les termites,** Madeleine Ouellette-Michalska
**Commettants de Caridad, Les,** Yves Thériault
**Danka,** Marcel Godin
**Débarque, La,** Raymond Plante
**Domaine Cassaubon, Le,** Gilbert Langlois
**Doux mal, Le,** Andrée Maillet
**D'un mur à l'autre,** Paul-André Bibeau
**Emprise, L',** Gaétan Brulotte
**Engrenage, L',** Claudine Numainville
**En hommage aux araignées,** Esther Rochon
**Faites de beaux rêves,** Jacques Poulin
**Fuite immobile, La,** Gilles Archambault
**J'parle tout seul quand Jean Narrache,** Émile Coderre
**Jeu des saisons, Le,** Madeleine Ouellette-Michalska
**Marche des grands cocus, La,** Roger Fournier
**Monde aime mieux..., Le,** Clémence Desrochers
**Mourir en automne,** Claude DeCotret
**N'Tsuk,** Yves Thériault
**Neuf jours de haine,** Jean-Jules Richard
**New medea,** Monique Bosco
**Outaragasipi, L',** Claude Jasmin
**Petite fleur du Vietnam, La,** Clément Gaumont
**Pièges,** Jean-Jules Richard
**Porte silence,** Paul-André Bibeau
**Requiem pour un père,** François Moreau
**Si tu savais...,** Georges Dor
**Tête blanche,** Marie-Claire Blais
**Trou, Le,** Sylvain Chapdeleine
**Visages de l'enfance, Les,** Dominique Blondeau

## LIVRES PRATIQUES — LOISIRS

**Améliorons notre bridge,** Charles A. Durand
* **Art du dressage de défense et d'attaque, L',** Gilles Chartier
* **Art du pliage du papier, L',** Robert Harbin
* **Baladi, Le,** Micheline d'Astous
* **Ballet-jazz, Le,** Allen Dow et Mike Michaelson
* **Belles danses, Les,** Allen Dow et Mike Michaelson
**Bien nourrir son chat,** Christian d'Orangeville
**Bien nourrir son chien,** Christian d'Orangeville
**Bonnes idées de maman Lapointe, Les,** Lucette Lapointe
* **Bridge, Le,** Vivianne Beaulieu
**Budget, Le,** en collaboration
**Choix de carrières, T. I,** Guy Milot
**Choix de carrières, T. II,** Guy Milot
**Choix de carrières, T. III,** Guy Milot
**Collectionner les timbres,** Yves Taschereau
**Comment acheter et vendre sa maison,** Lucile Brisebois
**Comment rédiger son curriculum vitae,** Julie Brazeau
**Comment tirer le maximum d'une mini-calculatrice,** Henry Mullish
**Conseils aux inventeurs,** Raymond-A. Robic
**Construire sa maison en bois rustique,** D. Mann et R. Skinulis
**Crochet jacquard, Le,** Brigitte Thérien
**Cuir, Le,** L. St-Hilaire, W. Vogt
* **Découvrir son ordinateur personnel,** François Faguy
**Dentelle, La,** Andrée-Anne de Sève
**Dentelle II, La,** Andrée-Anne de Sève
**Dictionnaire des affaires, Le,** Wilfrid Lebel

* **Dictionnaire des mots croisés — noms communs,** Paul Lasnier
* **Dictionnaire des mots croisés — noms propres,** Piquette-Lasnier-Gauthier

**Dictionnaire économique et financier,** Eugène Lafond

* **Dictionnaire raisonné des mots croisés,** Jacqueline Charron

**Emploi idéal en 4 minutes, L',** Geoffrey Lalonde

**Étiquette du mariage, L',** Marcelle Fortin-Jacques

**Faire son testament soi-même,** Me G. Poirier et M. Nadeau Lescault

**Fins de partie aux dames,** H. Tranquille et G. Lefebvre

**Fléché, Le,** F. Bourret, L. Lavigne

**Frivolité, La,** Alexandra Pineault-Vaillancourt

**Gagster,** Claude Landré

**Guide complet de la couture, Le,** Lise Chartier

* **Guide complet des cheveux, Le,** Phillip Kingsley

**Guide du chauffage au bois, Le,** Gordon Flagler

* **Guitare, La,** Peter Collins

**Hypnotisme, L',** Jean Manolesco

* **J'apprends à dessiner,** Joanna Nash

**Jeu de la carte et ses techniques, Le,** Charles A. Durand

**Jeux de cartes, Les,** George F. Hervey

* **Jeux de dés, Les,** Skip Frey

**Jeux d'hier et d'aujourd'hui,** S. Lavoie et Y. Morin

* **Jeux de société,** Louis Stanké
* **Jouets, Les,** Nicole Bolduc
* **Lignes de la main, Les,** Louis Stanké

**Loi et vos droits, La,** Me Paul-Émile Marchand

**Magie et tours de passe-passe,** Ian Adair

**Magie par la science, La,** Walter B. Gibson

* **Manuel de pilotage**

**Marionnettes, Les,** Roger Régnier

**Mécanique de mon auto, La,** Time Life Books

* **Mon chat, le soigner, le guérir,** Christian d'Orangeville

**Nature et l'artisanat, La,** Soeur Pauline Roy

* **Noeuds, Les,** George Russel Shaw

**Nouveau guide du propriétaire et du locataire, Le,** Mes M. Bolduc, M. Lavigne, J. Giroux

* **Ouverture aux échecs, L',** Camille Coudari

**Papier mâché, Le,** Roger Régnier

**P'tite ferme, les animaux, La,** Jean-Claude Trait

**Petit manuel de la femme au travail,** Lise Cardinal

**Poids et mesures, calcul rapide,** Louis Stanké

**Races de chats, chats de race,** Christian d'Orangeville

**Races de chiens, chiens de race,** Christian d'Orangeville

**Roulez sans vous faire rouler, T. I,** Philippe Edmonston

**Roulez sans vous faire rouler, T. II, le guide des voitures d'occasion,** Philippe Edmonston

**Savoir-vivre d'aujourd'hui, Le,** Marcelle Fortin-Jacques

**Savoir-vivre,** Nicole Germain

**Scrabble, Le,** Daniel Gallez

**Secrétaire bilingue, Le/la,** Wilfrid Lebel

**Secrétaire efficace, La,** Marian G. Simpsons

**Tapisserie, La,** T.M. Perrier, N.B. Langlois

* **Taxidermie, La,** Jean Labrie

**Tenir maison,** Françoise Gaudet-Smet

**Terre cuite,** Robert Fortier

**Tissage, Le,** G. Galarneau, J. Grisé-Allard

**Tout sur le macramé,** Virginia I. Harvey

**Trouvailles de Clémence, Les,** Clémence Desrochers

**2001 trucs ménagers,** Lucille Godin

**Vive la compagnie,** Pierre Daigneault

**Vitrail, Le,** Claude Bettinger

**Voir clair aux dames,** H. Tranquille, G. Lefebvre

* **Voir clair aux échecs,** Henri Tranquille
* **Votre avenir par les cartes,** Louis Stanké

**Votre discothèque,** Paul Roussel

## PHOTOGRAPHIE

* **8/super 8/16,** André Lafrance
* **Apprendre la photo de sport,** Denis Brodeur
* **Apprenez la photographie avec Antoine Desilets**
* **Chasse photographique, La,** Louis-Philippe Coiteux
* **Découvrez le monde merveilleux de la photographie,** Antoine Desilets
* **Je développe mes photos,** Antoine Desilets

* **Guide des accessoires et appareils photos, Le,** Antoine Desilets, Paul Taillefer
* **Je prends des photos,** Antoine Desilets
* **Photo à la portée de tous, La,** Antoine Desilets
* **Photo de A à Z, La,** Desilets, Coiteux, Gariépy
* **Photo Reportage,** Alain Renaud
* **Technique de la photo, La,** Antoine Desilets

## PLANTES ET JARDINAGE

**Arbres, haies et arbustes,** Paul Pouliot
**Automne, le jardinage aux quatre saisons,** Paul Pouliot
* **Décoration intérieure par les plantes, La,** M. du Coffre, T. Debeur
**Été, le jardinage aux quatre saisons,** Paul Pouliot
**Guide complet du jardinage, Le,** Charles L. Wilson
**Hiver, le jardinage aux quatre saisons,** Paul Pouliot
**Jardins d'intérieur et serres domestiques,** Micheline Lachance
**Jardin potager, la p'tite ferme, Le,** Jean-Claude Trait
**Je décore avec des fleurs,** Mimi Bassili
**Plantes d'intérieur, Les,** Paul Pouliot
**Printemps, le jardinage aux quatre saisons,** Paul Pouliot
**Techniques du jardinage, Les,** Paul Pouliot
* **Terrariums, Les,** Ken Kayatta et Steven Schmidt
**Votre pelouse,** Paul Pouliot

## PSYCHOLOGIE

**Âge démasqué, L',** Hubert de Ravinel
* **Aider mon patron à m'aider,** Eugène Houde
* **Amour, de l'exigence à la préférence, L',** Lucien Auger
**Caractères et tempéraments,** Claude-Gérard Sarrazin
* **Coeur à l'ouvrage, Le,** Gérald Lefebvre
* **Comment animer un groupe,** collaboration
* **Comment déborder d'énergie,** Jean-Paul Simard
* **Comment vaincre la gêne et la timidité,** René-Salvator Catta
* **Communication dans le couple, La,** Luc Granger
* **Communication et épanouissement personnel,** Lucien Auger
**Complexes et psychanalyse,** Pierre Valinieff
* **Contact,** Léonard et Nathalie Zunin
* **Courage de vivre, Le,** Dr Ari Kiev
**Dynamique des groupes,** J.M. Aubry, Y. Saint-Arnaud
* **Émotivité et efficacité au travail,** Eugène Houde
* **Être soi-même,** Dorothy Corkille Briggs
* **Facteur chance, Le,** Max Gunther
* **Fantasmes créateurs, Les,** J.L. Singer, E. Switzer
**Frères — Soeurs, la rivalité fraternelle,** Dr J.F. McDermott, Jr
* **Hypnose, bluff ou réalité?,** Alain Marillac
* **Interprétez vos rêves,** Louis Stanké
* **J'aime,** Yves Saint-Arnaud
* **Mise en forme psychologique, La,** Richard Corriere et Joseph Hart
* **Parle moi... j'ai des choses à te dire,** Jacques Salomé
**Penser heureux,** Lucien Auger
* **Personne humaine, La,** Yves Saint-Arnaud
* **Première impression, La,** Chris. L. Kleinke
* **Psychologie de l'amour romantique, La,** Dr Nathaniel Branden
* **S'affirmer et communiquer,** J.-M. Boisvert, M. Beaudry
* **S'aider soi-même,** Lucien Auger
* **S'aider soi-même davantage,** Lucien Auger
* **S'aimer pour la vie,** Dr Zev Wanderer et Erika Fabian
* **Savoir organiser, savoir décider,** Gérald Lefebvre
* **Savoir relaxer pour combattre le stress,** Dr Edmund Jacobson
* **Se changer,** Michael J. Mahoney
* **Se comprendre soi-même,** collaboration
* **Se concentrer pour être heureux,** Jean-Paul Simard

* **Se connaître soi-même,** Gérard Artaud
* **Se contrôler par le biofeedback,** Paultre Ligondé
* **Se créer par la gestalt,** Joseph Zinker

**Se guérir de la sottise,** Lucien Auger
**S'entraider,** Jacques Limoges
**Séparation du couple, La,** Dr Robert S. Weiss

* **Trouver la paix en soi et avec les autres,** Dr Theodor Rubin
* **Vaincre ses peurs,** Lucien Auger
* **Vivre avec sa tête ou avec son coeur,** Lucien Auger

**Volonté, l'attention, la mémoire, La,** Robert Tocquet
**Votre personnalité, caractère...,** Yves Benoit Morin

* **Vouloir c'est pouvoir,** Raymond Hull

**Yoga, corps et pensée,** Bruno Leclercq
**Yoga des sphères, Le,** Bruno Leclercq

## SEXOLOGIE

* **Avortement et contraception,** Dr Henry Morgentaler
* **Bien vivre sa ménopause,** Dr Lionel Gendron
* **Comment séduire les femmes,** E. Weber, M. Cochran
* **Comment séduire les hommes,** Nicole Ariana

**Fais voir!** W. McBride et Dr H.F.-Hardt

* **Femme enceinte et la sexualité, La,** Elizabeth Bing, Libby Colman

**Femme et le sexe, La,** Dr Lionel Gendron

* **Guide gynécologique de la femme moderne, Le,** Dr Sheldon H. Sherry

**Helga,** Eric F. Bender
**Homme et l'art érotique, L',** Dr Lionel Gendron
**Maladies transmises sexuellement, Les,** Dr Lionel Gendron
**Qu'est-ce qu'un homme?** Dr Lionel Gendron
**Quel est votre quotient psycho-sexuel?** Dr Lionel Gendron

* **Sexe au féminin, Le,** Carmen Kerr

**Sexualité, La,** Dr Lionel Gendron

* **Sexualité du jeune adolescent, La,** Dr Lionel Gendron

**Sexualité dynamique, La,** Dr Paul Lefort

* **Ta première expérience sexuelle,** Dr Lionel Gendron et A.-M. Ratelle
* **Yoga sexe,** S. Piuze et Dr L. Gendron

## SPORTS

**ABC du hockey, L',** Howie Meeker

* **Aïkido — au-delà de l'agressivité,** M. N.D. Villadorata et P. Grisard

**Apprenez à patiner,** Gaston Marcotte

* **Armes de chasse, Les,** Charles Petit-Martinon
* **Badminton, Le,** Jean Corbeil

**Ballon sur glace, Le,** Jean Corbeil
**Bicyclette, La,** Jean Corbeil

* **Canoé-kayak, Le,** Wolf Ruck
* **Carte et boussole,** Björn Kjellström

**100 trucs de billard,** Pierre Morin
**Chasse et gibier du Québec,** Greg Guardo, Raymond Bergeron
**Chasseurs sachez chasser,** Lucien B. Lapierre

* **Comment se sortir du trou au golf,** L. Brien et J. Barrette
* **Comment vivre dans la nature,** Bill Riviere
* **Conditionnement physique, Le,** Chevalier-Laferrière-Bergeron
* **Corrigez vos défauts au golf,** Yves Bergeron

**Corrigez vos défauts au jogging,** Yves Bergeron
**Danse aérobique, La,** Barbie Allen

* **En forme après 50 ans,** Trude Sekely
* **En superforme par la méthode de la NASA,** Dr Pierre Gravel

**Entraînement par les poids et haltères,** Frank Ryan
**Équitation en plein air, L',** Jean-Louis Chaumel
**Exercices pour rester jeune,** Trude Sekely

* **Exercices pour toi et moi,** Joanne Dussault-Corbeil

**Femme et le karaté samouraï, La,** Roger Lesourd
**Guide du judo (technique debout), Le,** Louis Arpin

* **Guide du self-defense, Le,** Louis Arpin
* **Guide de survie de l'armée américaine, Le**

**Guide du trappeur,** Paul Provencher
**Initiation à la plongée sous-marine,** René Goblot

* **J'apprends à nager,** Régent LaCoursière
* **Jogging, Le,** Richard Chevalier
**Jouez gagnant au golf,** Luc Brien, Jacques Barrette
* **Jouons ensemble,** P. Provost, M.J. Villeneuve
* **Karaté, Le,** André Gilbert
* **Karaté Sankukai, Le,** Yoshinao Nanbu
**Larry Robinson, le jeu défensif au hockey,** Larry Robinson
**Lutte olympique, La,** Marcel Sauvé, Ronald Ricci
* **Marathon pour tous, Le,** P. Anctil, D. Bégin, P. Montuoro
**Marche, La,** Jean-François Pronovost
**Maurice Richard, l'idole d'un peuple,** Jean-Marie Pellerin
* **Médecine sportive, La,** M. Hoffman et Dr G. Mirkin
**Mon coup de patin, le secret du hockey,** John Wild
* **Musculation pour tous, La,** Serge Laferrière
**Nadia,** Denis Brodeur et Benoît Aubin
**Natation de compétition, La,** Régent LaCoursière
**Navigation de plaisance au Québec, La,** R. Desjardins et A. Ledoux
**Mes observations sur les insectes,** Paul Provencher
**Mes observations sur les mammifères,** Paul Provencher
**Mes observations sur les oiseaux,** Paul Provencher
**Mes observations sur les poissons,** Paul Provencher
**Passes au hockey, Les,** Chapleau-Frigon-Marcotte
**Parachutisme, Le,** Claude Bédard
**Pêche à la mouche, La,** Serge Marleau
**Pêche au Québec, La,** Michel Chamberland
**Pistes de ski de fond au Québec, Les,** C. Veilleux et B. Prévost
**Planche à voile, La,** P. Maillefer
* **Pour mieux jouer, 5 minutes de réchauffement,** Yves Bergeron
* **Programme XBX de l'aviation royale du Canada**
**Puissance au centre, Jean Béliveau,** Hugh Hood
**Racquetball, Le,** Jean Corbeil
**Racquetball plus,** Jean Corbeil
** **Randonnée pédestre, La,** Jean-François Pronovost
**Raquette, La,** William Osgood et Leslie Hurley
**Règles du golf, Les,** Yves Bergeron
**Rivières et lacs canotables du Québec,** F.Q.C.C.
* **S'améliorer au tennis,** Richard Chevalier
**Secrets du baseball, Les,** C. Raymond et J. Doucet
**Ski nautique, Le,** G. Athans Jr et A. Ward
* **Ski de randonnée, Le,** J. Corbeil, P. Anctil, D. Bégin
**Soccer, Le,** George Schwartz
* **Squash, Le,** Jean Corbeil
**Squash, Le,** Jim Rowland
**Stratégie au hockey, La,** John Meagher
**Surhommes du sport, Les,** Maurice Desjardins
**Techniques du billard,** Pierre Morin
* **Techniques du golf,** Luc Brien, Jacques Barrette
**Techniques du hockey en U.R.S.S.,** André Ruel et Guy Dyotte
* **Techniques du tennis,** Ellwanger
* **Tennis, Le,** Denis Roch
**Terry Fox, le marathon de l'espoir,** J. Brown et G. Harvey
**Tous les secrets de la chasse,** Michel Chamberland
**Troisième retrait, Le,** C. Raymond, M. Gaudette
**Vivre en forêt,** Paul Provencher
**Vivre en plein air, camping-caravaning,** Pierre Gingras
**Voie du guerrier, La,** Massimo N. di Villadorata
**Voile, La,** Nick Kebedgy

Imprimé au Canada/Printed in Canada